世紀人物100

一件裘衣 三十年

晏嬰

郭怡汾 著

三民書局

獻給孩子們的禮物

主編的話

　　世界上最幸福的孩子，是他們一出生就有機會接近故事書，想想看，那些書中的人物，不論古今中外都來到了眼前，與他們相識，不僅分享了各個人物生活中的點滴，孩子們的想像力也隨著書中的故事情節飛翔。

　　不論世界如何演變，科技如何發達，孩子一世幸福的起源，仍然來自於父母的影響，如果每一個孩子都能從小在父母親的懷抱中，傾聽故事，共享閱讀之樂，長大後養成了閱讀習慣，這將是一生中享用不盡的財富。

　　三民書局的劉振強董事長，想必也是一位深信讀書是人生最大財富的人，在讀書人口往下滑落的多元化時代，他仍然堅信讀書的重要，近年來，更不計成本，連續出版了特別為孩子們策劃的兒童文學叢書，從「文學家」、「藝術家」、「音樂家」、「影響世界的人」系列到「童話小天地」、「第一次」系列，至今已出版了近百本，這僅是由筆者主編出版的部分叢書而已，若包括其他兒童詩集及套書，三民書局已出版不下千百種的兒童讀物。

劉董事長也時常感念著，在他困苦貧窮的青少年時期，是書使他堅強向上，在社會普遍困苦，而生活簡陋的年代，也是書成了他最好的良伴，他希望在他的有生之年，分享這份資產，讓下一代可以充分使用，讓親子共讀的親情，源遠流長。

　　「世紀人物100」系列早就在他的關切中構思著，希望能出版孩子們喜歡而且一生難忘的好書。近年來筆者放下一切寫作，接下這份主編重任，並結合海內外有心兒童文學的作者共同為下一代效力，正是感動於劉董事長致力文化大業的真誠之心，更欣喜許多志同道合的朋友，能與我一起為孩子們寫書。

　　「世紀人物100」系列規劃出版一百位人物故事，中外各占五十人，包括了在歷史上有關文學、藝術、人文、政治與科學等各行各業有貢獻的人物故事，邀請國內外兒童文學領域專業的學者、作家同心協力編寫，費時多年，分梯次出版。在越來越多元化的世界中，每個人都有各自的才華與潛力，每個朝代也都有其可歌可泣的故事，但是在故事背後所具有的一個共同點，就是每個傳主在困苦中不屈不撓，令人難忘的經歷，這些經歷經由各作者用心博覽有關資料，再三推敲求證，再以文學之筆，寫出了有趣而感人的故事。

　　西諺有云：「世界因有各式各樣不同的人群，才更加多采多姿。」這套書就是以「人」的故事為主旨，不刻意美化傳主，以每一位傳主的生活經歷為主軸，深入描寫他們成長的環境、家庭教育與童年

生活，深入探索是什麼因素造成了他們與眾不同？是什麼力量驅動了他們鍥而不捨的毅力？以日常生活中的小故事，來描繪出這些人物，為什麼能使夢想成真。為了引起小讀者的興趣，特別著重在各傳主的童年生活描述，希望能引起共鳴。尤其在閱讀這些作品時，能於心領神會中得到靈感。

　　和一般從外文翻譯出來的偉人傳記所不同的是，此套書的特色是，由熟悉兒童文學又關心教育的作者用心收集資料，用有趣的故事，融入知識，並以文學之筆，深入淺出寫出適合小朋友與大朋友閱讀的人物傳記。在探討每位人物的內在心理因素之餘，也希望讀者從閱讀中，能激勵出個人內在的潛力和夢想。我相信每個孩子在年少時都會發呆做夢，在他們發呆和做夢的同時，書是他們最私密的好友，在閱讀中，沒有批判和譏諷，卻可隨書中的主人翁，海闊天空一起遨遊，或狂想或計畫，而成為心靈知交，不僅留下年少時，從閱讀中得到的神交良伴（一個回憶），如果能兩代共讀，讀後一起討論，綿綿相傳，留下共同回憶，何嘗不是一幅幸福的親子圖？

　　2006 年，我們升格成為祖字輩，有一位朋友提了滿滿兩袋的童書相送，一袋給新科父母，一袋給我們。老友是美國國家科學院院士，曾擔任過全美閱讀評估諮議委員，也是一位慈愛的好爺爺，深信閱讀對人生的重

要。他很感性的說：「不要以為娃娃聽不懂故事，我的孫兒們一出生就聽我們唸故事書，長大後不僅愛讀書而且想像力豐富，尤其是文字表達能力特別強。」我完全同意，並欣然接受那兩袋最珍貴的禮物。

因為我們同樣都是愛讀書、也深得讀書之樂的人。

謹以此套「世紀人物100」叢書送給所有愛讀書的孩子和家庭，以及我們的孫兒——石開文，他們都是世界上最幸福的孩子，因為從小有書為伴，與愛同行。

　　直言極諫，意即「以正直的言詞極力規勸」，是中國傳統上對文人的期許，歷史上也有數不清的讀書人在君王的決策不合理、不公義時，能夠毅然決然的挺身而出，真正落實了這四個字。

　　然而「直言極諫」是否能成就一段君臣佳話，主控權是掌握在君王手裡的。運氣好的如魏徵，他侍奉的是英明量大的唐太宗，所以能秉持耿直的性格，嚴正糾舉國君的失德行徑。運氣不好的如比干，他作為商朝末代國君紂王的叔父，卻因勸諫紂王而招來殺身之禍。

　　但在浩瀚如煙海的中國歷史中，齊景公與晏嬰這對君臣組合卻是個很有趣的特例。

　　齊景公，姓姜名杵臼，在位時間為西元前 547 年至西元前 490 年。雖然根據謚法，「景」一字的意義是「由義而濟」，用以褒揚他生前施行仁義，才能成其霸業，但綜觀史書上的記載，齊景公著實稱不上英明。他生性奢侈，好築宮室，後宮姬妾成群，豢養犬馬眾多；他治國的手法也不高明，不但稅賦極重，刑罰還很浮濫嚴峻。當他駕崩時，百姓興奮得額手稱慶，開心終於脫離這位無德君主的統治。

　　然而「無德」的齊景公卻足足掌有齊國五十

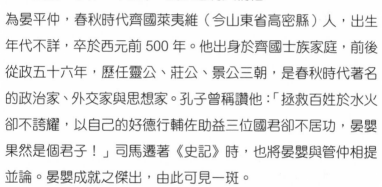

八年，不但國內治安相對穩定，開創一番小霸的局面，並且是齊國史上執政時間最長的國君。

為什麼齊景公能有此成就？因為他任用了賢能敢言的晏嬰。

晏嬰，字仲，卒諡平，所以也有人稱他為晏平仲，春秋時代齊國萊夷維（今山東省高密縣）人，出生年代不詳，卒於西元前 500 年。他出身於齊國士族家庭，前後從政五十六年，歷任靈公、莊公、景公三朝，是春秋時代著名的政治家、外交家與思想家。孔子曾稱讚他：「拯救百姓於水火卻不誇耀，以自己的好德行輔佐助益三位國君卻不居功，晏嬰果然是個君子！」司馬遷著《史記》時，也將晏嬰與管仲相提並論。晏嬰成就之傑出，由此可見一斑。

那麼晏嬰是如何達成這偉大傑出的成就的？他是透過自己對國君的影響力，使自己的政治理想與抱負得以實現，而他的以禮治國、寬政愛民、力行節儉、減少刑罰、息兵罷戰等政治措施，也確實是齊國得以壯大的重要原因。

話說回來，考量齊景公的生平作為，實在令人懷疑他哪來度量一而再、再而三的接受臣子有時十分不留情面的勸諫，這一點相信輔佐過三任國君的晏嬰本人也很清楚。所以，也難怪當晉國賢臣羊舌肸問晏嬰「當世道如此混亂，侍奉的君主又沒有德行、不行仁義時，一個人要怎樣做才能明哲保身」時，晏

嬰會回答他：「不要抱持非分之想，也不要希望得到國君的寵幸，人必先歷經艱辛才有收穫，若能得到幸福是他理應得到的，倘若失去了倒也不是他的罪過。這樣就可以明哲保身了。」

關於本書的創作，我主要是以《左傳》所記載的晏嬰事蹟為骨幹，並參酌《晏子春秋》選用適當的段落以為增添血肉。一些膾炙人口的晏嬰行誼事蹟，比如「晏子使楚」、「二桃殺三士」等，也都穿插在故事裡。至於各事件發生的時間點，由於相關資料不足，我只能做大致上的劃分，然後把性質相近的作一次陳述。

在寫作的過程中，我特別重視對話的撰寫，以呈現春秋時代的文字／言語風格；為了讓讀者領略晏嬰的急智與好口才，我在選擇晏嬰規勸國君的例子時，著重在其規勸方式上的差異。另外，為了拉近現代與古代的距離，也因為晏嬰的某些勸諫在二千多年後的今天依舊令人受用無窮，因此我特別在這些言談上披了層現代的外衣，希望能增進讀者對他的了解。

有點遺憾的是，要以這短短三萬八千言的篇

幅描繪晏嬰八十多年的人生，我的筆觸難免潦草粗略；許多我覺得有意思的晏嬰事蹟受限於篇幅或性質，只得快快放棄；生活在 21 世紀的我即便站在歷史文獻與考古資料上，努力發揮所有的想像力，對二千五百年前世界的了解仍是空白的成分居多。雖然我誠心用力的寫下晏嬰的故事，倘若讀者們覺得不夠身歷其境，或者劇情不夠精采紛呈……

　　嗯，一切責任都該歸咎於作者我的能力不足，有待磨練，在此深深致歉。

寫書的人

郭怡汾

　　臺南市人。現居住在好山好水的花蓮，鎮日繞著丈夫、孩子與愛犬打轉，偷空翻翻書本，寫寫小說，賺點買書財，生活再充實也不過如此。

　　作品散見網路，名不見傳，以鉛字印行的創作除本書外，另有《汨羅江畔的悲吟：屈原》。

一件裘衣三十年

晏嬰

目次

世紀人物
100

晏　嬰

?～前500

序　幕

　　齊國的首都——臨淄，是個居民多達三十萬人的商業大城。在都城北門內側，有個商人群聚的市場，而齊國名卿＊晏弱的嫡子晏嬰，就住在這與市場僅有一街之隔的嘈雜地方。

　　這天，當太陽尚未完全升起，天空還一片陰沉的時候，晏嬰已經梳洗完畢，到走廊上鋪了張蓆子，面對小小的院子一個人坐著，專注的聆聽從圍牆外市集上傳來的叫賣聲。

　　這種在外人眼中一點意義也沒有的舉動，卻是晏嬰每日的功課。因為透過人們在市集上的談論，他可以得知人民當下最關心的是什麼，從中取得攸關國計民生的第一手資訊。

　　而今天進到晏嬰耳朵裡的言

談，教他忍不住皺起了眉頭。

「聽說咱們的國君又要攻打魯國了。」

「什麼？你是說真的嗎？去年跟前年不是才攻打過，怎麼又要開戰了？」

「不就是有人一心嚮往要重現桓公的霸業＊嗎？」

「唉，『稱霸天下』聽起來是很威風，但說穿了不過是個虛名而已。國君貪戀那霸主的虛

放大鏡

＊春秋時代的社會等級若由上而下依序排列，大致可分成天子、諸侯、卿大夫、士、庶人、工商、奴隸等階級。晏嬰雖然在父親晏弱去世後繼任為齊卿，但晏家其實只是一般的士族家庭，並不屬於望族。

＊齊桓公，在位時間為西元前 685 年至西元前 643 年。他在任用管仲，實施一連串的政治、經濟、軍事改革政策後，使齊國迅速強盛起來。自西元前 656 年起，他採行管仲的建議，高舉「尊王攘夷」的大旗，不但阻止楚國繼續往北擴張勢力，並多次率領諸侯的軍隊協助周王室，獲得周天子對其地位的肯定，成為春秋時代第一位稱霸的諸侯。然而，當管仲去世後，他怠忽國事，使霸業逐漸衰頹；他還寵幸豎刁、易牙等小人，終於釀成諸子爭奪王位的大禍。最後，一代霸主齊桓公被軟禁在宮殿裡無人聞問，直到蛆蟲鑽出屍體，爬出窗戶，才被人發現他已經活活餓死了。

名，三番兩次調兵遣將去征伐其他國家，也不想想站在前線衝鋒陷陣、被打得頭破血流的，可是我們這些小老百姓。真是令人擔憂啊！有這種不知事情輕重的國君，齊國恐怕要招來禍患了。」

「您說的禍患是指晉國吧。我前陣子聽人提起，晉國的國君已經在尋求盟國支持，打算討伐我國為魯國出口惡氣，也不知這消息是真的還是假的⋯⋯」

「唉，恐怕是真的。」晏嬰嘆口氣，煩惱的搔了搔頭。

「夫君，您是在煩惱什麼呢？這般唉聲嘆氣的。今天天氣很冷，不如先喝杯熱茶頂頂寒風吧。」

晏嬰循聲望去，發現妻子正端著擺得滿滿的托盤朝他走來。

「我是在煩惱國君打算攻打魯國的事。這幾年來每到農閒的時候就打仗，國人都已經很疲憊

了。」晏嬰捧起杯子，吹開杯口的熱氣，啜了口熱茶取暖。

晏妻在他身邊坐下，憂心忡忡的說道：「就妾身印象所及，雖然這兩年來已經三度攻打魯國，但好像沒收到什麼戰果，反惹得國人怨聲載道。夫君，國君似乎把力氣浪費在沒有意義的地方了。」

「是啊。國君一心只圖稱霸天下，還跟周天子討來『東方之事，聽憑齊國處理』的文書，強調出兵的正當性。但如今跟魯國交戰多時遲遲未有結果，這樣兩相耽擱，我擔心時勢恐怕已經轉到晉國那邊去了。」晏嬰停頓半晌整理思緒，凍僵了的雙手不住摩挲著溫暖的杯身。「晉國過去兩年放任齊國攻魯，是因為他們的國君重病纏身，無暇他顧。如今晉國新君已經即位，為了重申晉國的霸主地位，他們勢必要採取

行動。我擔心國君這次的興兵之舉，終將招來他國的反撲。」

「這可該怎麼辦啊？」擔憂親人將被捲入戰火，晏妻急忙追問：「夫君，您可有法子說服國君回心轉意？」

晏嬰搖搖頭，「我們的國君心中早有定見，會拿出來徵詢臣子意見的，大概只剩下執行層面的細節，若再說些跟他心意不同的話，恐怕會招來殺身之禍啊。」

「那朝中其他大臣呢？他們就這樣袖手旁觀，由得國君胡來蠻幹嗎？」

「話也不是這麼說。對於『何謂善盡臣子的本分』，每個人的想法都不同。有的大臣，比如崔杼，認為能夠做到與國君同一陣線，支持齊國站穩立場，不再任由晉國指揮擺弄，這樣就是好臣子。因此，要他們去規勸國君體恤民情，讓征戰多年的國人

可以休養生息，根本就是不可能的事。

「另一派的人，像是父親，即便內心不贊同國君的決定，但在面對國君一副勢在必行的態度時，除了幫忙擬定策略，謀求在最小傷亡的情況下達成任務外，似乎也無其他可供著力之處了。」

晏嬰分析朝中局勢，越說越感慨：「我現在只希望父親所謀劃的一切能盡快實現，國人也才能早日返回家園。」

晏妻不知該如何回話，只得默默為丈夫添滿茶水，偏頭望向園子裡枯草上結滿的霜。

突然，圍牆外由遠而近傳來一陣吆喝聲，瞬間一輛馬車拐進大門，在院子裡緊急煞住。趕車的家臣＊還等不及馬匹停止躁動就躍下馬車，三步併做兩步的狂奔到晏嬰跟前稟報：「少主，大人急病，請您盡速回去。」

　　晏嬰一愕，瞬間回過神來急急步下長廊，邊走邊問道：「父親什麼時候生的病？病況如何？已經請太醫診治了嗎？」

　　家臣恭敬的回答：「大人是在早晨梳洗時突然倒下，我等見大人意識不清，便分頭延請太醫與少主過去看看。」

　　「突然倒下？意識不清？」晏嬰震驚的重複著，無法想像身體一向健朗的父親怎會突然病倒，而且病勢如此沉重。

　　晏妻見晏嬰僵在那裡沒反應，趕緊提醒他：「夫君，別再發愣了，趕快上車吧。」驀地一陣冷風襲來，她哆嗦著整理吹亂了的鬢髮，無意間往天空一瞥，看見初雪正從天而降。

放大鏡

＊家臣　在卿大夫的封地內，協助他處理國內事務或提供服務的人。家臣不具世襲性質，可隨時由卿大夫任免，為後世官僚制度的雛形。

「雪來早了，看來今年冬天會比往年更冷。」她低聲輕喃，彷彿自言自語。

晏嬰緊抿著雙唇不說話，只伸手掬片冰雪，看它在掌心迅速的溶化。他昂首向天，發現不知何時天已大亮，如今天空無比澄藍，陽光燦爛耀眼，飛絮般四處飄散的是今冬的第一場雪。

如此美景，卻教晏嬰整個人冷透到骨子裡。即便拼盡全力讓自己不要胡思亂想，他依舊無法克制的想著倘若父親就此一病不起，國君將失去最為得力的智囊與將領，齊國也不知會變成什麼樣的悲慘情況。

妻子的焦躁提醒、家臣的無言催促、馬匹的不耐嘶鳴在這一刻通通遠去了，天地間僅剩那紛紛落下的白雪。恍惚中，他彷彿看見數千數萬的國人行軍在大雪覆蓋的野地，一心一意的趕赴戰

雲密布的遠方，殊不知在遠方盡
頭處等待他們的，只有一片無止
無境的黑暗，與死亡。

好冷，真的好冷。晏嬰不由
得縮縮脖子，攏緊衣襟，抵擋冰
渣子般撲進胸懷的寒氣。

冬天已經開始，但春天什麼
時候來呢？

沒有人知道。

不用我，那就辭官歸隱

西元前 555 年，晏嬰的不祥預感成真了。

在齊國三番兩次攻打魯國，意圖迫使其俯首稱臣後，當時的天下霸主——晉國——終於忍無可忍，聯合其他諸侯國向齊國挑戰。結果平陰一役齊軍大敗，齊人戰死無數。

為了徹底瓦解殘存齊軍的鬥志，晉國的司馬除了在山林水澤等軍隊無法到達的險要之處掛滿旗幟外，還命戰車拖著木柴四處疾走，激起漫天煙塵，製造兵多將廣的假象。

於是，當御駕親征的齊靈公企圖整軍再戰，登上附近的巫山遠眺晉軍布陣時，一看敵人那副旌旗蔽天、塵煙滾滾、聲勢浩大的樣子，當場被嚇得魂飛魄散。

「怎麼辦？究竟該怎麼辦……對了，找晏弱，寡人的好將軍一定有辦法……晏弱、晏弱呢……不，晏弱已經死了。」心神俱喪的靈公顧不得戰事仍在進行，竟撤下軍隊連夜逃回國都。齊軍眼見國君跑了，自然也跟著潰敗。

勝利在望的晉國聯軍繼續往齊國國境推進，最後包圍了國都臨淄。為了逼出退守宮城的齊靈公，他們在城中到處縱火，燒毀城門與街市。

火光、煙塵與敵軍的殺伐聲交織成象徵死亡的巨網，被困在網子中央的靈公所想出的解套方法竟不是親上戰場指揮作戰，而是拋棄仰望他的國人、家人，只求自己能乘車殺出重圍，投奔到安全的地方。

靈公出發之前，被遺棄的太子姜光聞訊趕到，怒氣沖沖的一

劍砍斷韁繩，攔下了馬車。「父王，您貴為一國之君，豈可如此輕率的放棄國都！」他義憤填膺的指責道:「大夫、將軍們定已率領軍隊兼程趕來，您若是一走了之，到時誰來領兵作戰?」

被兒子這樣逼迫，靈公只得打消逃跑的念頭，登上宮牆親自督軍禦敵。

晉國聯軍眼見臨淄宮城久攻不下，心想行軍至此應該已經挫足齊國銳氣，於是決定撤退。臨行時，他們將大軍一分為二，各自往東、往南橫掃齊國以誇耀軍威，最後才得意洋洋的班師回朝，彼此相互慶賀道:「大國休想欺侮小國啊！」

晉軍攻入臨淄那夜，喪父不久的晏嬰正穿著喪服，倚著守喪所居的草廬而立。他遙望一片火海的臨淄城，不禁悲從中來。

刀兵無情，視人命如草芥。

今夜過後，臨淄還會有多少家庭是完整無缺的呢？經此一役，要再耗費多少光陰才能讓臨淄恢復往日榮景？

然而回答他的只有隨風隱約傳來的哭喊。

※　　　　　　　※　　　　　　　※

西元前 554 年，由於對兒子一劍斷繩的忤逆之舉始終無法釋懷，齊靈公不顧諸位大臣的反對，硬是廢了太子姜光，改立庶出的公子姜牙為太子。同年夏天，靈公病死了，這項廢長立庶的決策因嚴重違背禮制，使齊國公卿們分裂為兩個陣營，各自擁立不同的公子，爆發了內亂。一陣刀兵相見後，姜光在大夫崔杼的擁戴下剷除競爭者及其輔臣，登上了王位，是為齊莊公。

莊公是個做事只看拳頭大不大，全然無視仁義道德的君主。

他在鞏固國內情勢後，公然撕毀當初為了全力對付內亂而與晉國定下的盟約，打算趁著攻打衛國之便，一併討伐國內正陷入動亂的晉國。

在莊公繼位後被召回朝中輔政的晏嬰聽說了這個消息，立刻要求晉見君王。

當時莊公正在檢閱新成立的力士軍團，一見晏嬰到了，馬上雙手一攤展示教場上的龐大戰力，朗聲問道：「常聽人說先生博學，敢問先生，古時候也有單憑武力就已威震當世、萬國欽服的君王嗎？」

晏嬰看了看正頂著太陽在教場上賣力操練的力士們，不慌不忙的反問：「您所謂的武力，就是指這群孔武有力的力士嗎？」

莊公下顎一昂，表情十分引以為傲，「正是。」

晏嬰卻不捧場的連連搖頭。

「古時候握有武力的君王之所以能戰無不勝，是因為他們奉行仁義，出兵皆為懲奸除惡，誅滅殘暴。但現在國君崇尚武力，卻不行仁義……」

他引經據典的勸說著，卻見莊公的目光越來越漫不經心，不禁感到洩氣。

到底要用什麼樣的言語，或行動，才能讓這位醉心軍事、以為擁有武力就足以征服一切的國君覺醒呢？

深吸口氣平復心情，晏嬰將自己在市場上聽來的消息一併托出，希望能讓國君明白力士軍團是不能倚仗的。「這些力士自恃受您重用，在外頭欺凌百姓胡作非為，公卿侍臣們看在眼裡卻不敢直言進諫，反放任他們為所欲為。這樣顛倒綱紀是非的現象若不趕緊加以導正，國家將會走上亡國滅族的絕路啊。總之，單憑

武力就能威震當世、萬國欽服的君王，我的確不曾聽說。」

晏嬰的結論擲地有聲，卻只在莊公眼底激起一絲輕蔑的神色。

「你沒上過戰場，自然不懂武力的真正威力。」草草打發了晏嬰的勸諫，莊公話題一轉，邊把玩新到手的名弓邊問道：「寡人想討伐晉國，一吐先前的怨氣，先生以為如何？」

晏嬰簡潔的答道：「不能打。」

莊公火氣驟升，啪的一聲折斷弓身，厲聲反問：「為什麼不能？」

晏嬰無視國君的憤怒，直率的回答：「您貴為國君，所擁有的東西已經夠多了，若再想要更多，終將被貪念反噬。您為了攻打晉國，任用這麼多凶惡蠻橫的力士，已經使得國政紊亂。未來，倘若您的伐晉行動失敗了，

那是齊國的福分；伐晉成功了，您的野心定會驅使您尋找下一個征伐的對象，最後自取滅亡。要知道，沒有德行的人縱使能得到成功，那也只是一時的，禍患定是尾隨而至啊。」

這話說得極重，簡直像在詛咒齊國未來國不昌、運不隆。莊公被氣得暴跳如雷，連連揮手召人，將晏嬰趕了出去。

自此之後，莊公就很討厭看到晏嬰，可礙於這小矮子不但是功臣之後，並因賢能恤民而在國都享有崇高的威望，更還是自己當初有鑑於朝野關係緊張不安，親自去請來朝中坐鎮好穩住民心的，倘若隨隨便便就革去他的官職，不啻搬磚頭砸自己的腳，只好繼續忍受晏嬰的存在。

然而不滿的情緒總是需要宣洩的出口。在一次酒宴中，莊公特別派人去把晏嬰找來，命令樂

師在晏嬰抵達時演奏一首歌，歌詞是這樣的：

「算了吧，算了吧，寡人無法喜歡你，你來做什麼呢？」

晏嬰一開始並不知道這歌是為自己唱的，直到他進入席位，歌也重複奏了三次，方才明白國君正在眾人面前給他難堪，一時間，某種近乎大徹大悟的感受湧上心頭。

他很早以前就明白莊公是個不容易相處、也不大聽得進勸導的君主，只是為了齊國百姓著想，他還是毅然決然的應國君的召喚來到朝廷，想著多多少少能為百姓奉獻一點心力。

這幾年下來，世事的演變彷彿在嘲笑他當初的決定。莊公用豐厚的賞賜、爵祿將他留在臨淄，卻從不將他的建言聽進耳裡。不受重用的他一次又一次的找機會把封邑爵祿還回去，直到

今天，還留在身邊的賞賜已經所剩無幾。

但或許一切都只能怪他太過猶豫不決。當莊公違反盟約，收容被晉國驅逐的欒盈入境時，他就已經看清不把承諾當回事的莊公，遲早會引火自焚。可嘆啊！結局早就已經注定，只有他還妄想著也許哪天會有轉機。

想到這裡，晏嬰心一橫，起身離席，面向北方＊坐在地上。

莊公為此感到訝異，忙問：「先生為什麼要坐在地上呢？還是趕快回到座位上吧。」

晏嬰不卑不亢的回答：「我聽說打官司時訴訟的人要坐在地上，現在我要跟您將事情理論出個是非曲直，怎敢不照習俗坐在地上？」

放大鏡

＊古代君王坐北朝南而坐，稱為「南面稱王」，因此臣下自然就是面朝北方晉見君王了。

　　莊公頭一次遇到這種狀況，不禁有些手足無措，只好順著晏嬰的話語接口問道：「先生是對寡人有什麼不滿嗎？」

　　晏嬰回答：「我聽人說，仗著人多而不講道義，仰賴權勢而無視禮儀，看重武夫而輕視賢能的人，必然招來災禍危及自身，這話說的好像就是您啊。既然我的建言您不想採納，那就請您允許我辭官回鄉吧！」

　　莊公聞言大喜，顧不得計較晏嬰的態度，立刻准了他的請求。

　　出了宮城，在乘車回家的途中，晏嬰先是感慨萬千的嘆息著，然後又自顧自笑了起來。

　　他的家臣覺得很奇怪，就問晏嬰說：「您為什麼又是嘆氣又是發笑呢？」

　　晏嬰答道：「我嘆息，是因為我們的國君終究不能免於危難；

我發笑，是因為高興我竟能倖免於難，目前還死不了了。」

到家後，晏嬰交代家臣替他將官舍退還給國君，把還值點錢的物品送到市場任人取用。

臨淄城裡傳遍了晏嬰決定辭官回鄉的消息，許多人都在議論國君怎會如此愚昧輕率，竟然批准一名真正傾聽人民心聲、力主國君該讓人民休養生息的賢臣歸隱。

有人擔心晏嬰沒了住屋、沒了錢財，日後生活難免陷入困境。面對這類的關心，晏嬰真誠謙和的回答：「能夠為人民出力的時候，我自然會接受官職俸祿，不會假裝清高拒絕富貴；當無法為人民出力而必須另謀生路時，我不會厭惡貧窮低賤的生活。」

之後，晏嬰帶著妻子及少數幾個僕從徒步離開都城，遠赴東海畔的荒地親自墾殖維生。

　　※　　　　　　　　※　　　　　　　　※

　　西元前 550 年，齊莊公展開他夢想已久的復仇行動，揮軍攻衛、伐晉。

　　齊軍所戰皆捷，在占領衛國的國都後，兵分兩路繼續往晉國進攻。他們接連擊敗晉國守軍，還築了武軍、京觀兩個埋葬晉軍屍體的大墳誇耀戰功。

　　痛快的一雪平陰敗戰之恥後，莊公在凱旋歸國的路途上又過國門而不入，興沖沖的領兵去攻打莒國，直到他自己被莒人一箭射傷大腿，愛將杞梁在莒國國君親自擂鼓督軍守城時被殺，兩國方才講和休兵。

　　戰勝晉國所帶來的興奮感消褪得極快，回到臨淄的莊公日夜憂慮著晉國遲早會率軍前來報復，於是決定與一向被中原各國視為蠻夷之邦的楚國來往，好讓

自己在被列國圍剿時，有救兵可以搬；他又派人去幫周天子修築洛陽城，以借來周天子的威望對抗晉國。

然而，就在莊公努力攘外的當口，變亂正在他的宮廷裡悄悄的醞釀著。

大夫崔杼的妻子——東郭姜——是個眾所周知的美人。在某一次宴會中，莊公親眼見識了東郭姜的天姿國色，便以國君之尊強要一親芳澤，之後還常常趁崔杼不在時到他家找東郭姜，又自作主張把崔杼的帽子拿去隨便送人。

莊公這一切侮辱性的舉動，崔杼全都看在眼裡，反叛之心也日增夜長。為了替妻子討回公道，也為自己洗刷恥辱，更為日後專政時能得到晉國的支持，他暗中策劃著復仇。

西元前 548 年的某一天，崔

杼藉口重病，什麼事都沒法子管了，窩在家裡不出門。莊公聽說了這個消息，歡天喜地的到崔杼家探病，還不顧國君的體面緊緊巴著東郭姜不放。東郭姜既尷尬又難堪，好不容易才覓著機會，狼狽的從小門逃了出去。

被美色迷得暈陶陶的莊公一時回不了神，繼續杵在原地拍著柱子唱情歌，不料大門突然碰的一聲緊緊闔上，伏兵傾巢而出，將莊公團團包圍。從白日夢中驚醒的莊公終於明白自己落入陷阱，急忙跟伏兵討饒，要他們放他一馬。

伏兵們異口同聲的回答說：「國君的臣子崔杼生病了，沒法管事。雖然國君的宮殿離此不遠，但在沒有人證的情形下，誰曉得你真是國君，或者只是個冒充國君名諱的賊人。我等守衛只負責巡邏警備，既然發現有淫賊

騷擾崔夫人，自然要盡力處理，其他的都不干我們的事。」

莊公情急之下要爬牆逃走，卻被伏兵一箭射中大腿。他受不住疼痛摔下牆後，就被伏兵一哄而上的亂刀砍死了。

隱居東海畔的晏嬰聽說國君被崔杼弒殺，十萬火急的趕回臨淄弔喪。當他抵達崔杼家門口時，已經有許多莊公的近臣或因護衛國君、或因前來弔喪，而被崔杼一併殺死在屋裡。

晏嬰的隨從為此非常擔憂，抬頭問主人說：「要追隨國君一同赴死嗎？」

晏嬰望著警備森嚴的崔府，語氣淡漠的反問：「他是我侍奉的國君嗎？我必須為他而死嗎？」

隨從稍微鬆了口氣，接著又問：「那要棄國出逃嗎？」

晏嬰的態度依舊不冷不熱，「國君的死是我的罪過嗎？我需

要為此逃亡嗎？」

隨從滿懷希望的再問：「那麼要回家嗎？」

「國君已經死了，我還能回到哪兒去呢？」晏嬰一改方才的冷漠，意氣激昂的答道：「作為一國之君，他不能只是地位高居人民之上，還要盡全力主持好國政；作為國君的臣子，他不能只是坐領俸祿，還必須努力保護國家。所以，當國君為國家而死時，臣子當與他一同赴死；當國君為國家而逃亡時，臣子也要追隨他一同逃亡。如今國君是為了他的私事而死的，我又不是他寵幸的人，怎能幫他承擔這個後果呢？又怎能為他逃亡呢？再說又有什麼地方可以回去呢？」

語畢，他毫無懼色的走進幾乎要被鮮血染紅了的崔府。

崔杼見晏嬰來了，出口譏諷道：「您不是自許忠誠、信奉仁義

嗎？既然國君已經死了，您還不速速隨他赴死？」

晏嬰凜然回答：「禍事發生之時，我不在朝中；禍事結束的時候，我不知道。既然事情從頭到尾都與我無關，我怎能辜負作為一國大臣的職責，僭越本分的將責任攬到身上，為此上吊自殺呢？」

說完，他撫著莊公的屍首大聲號哭，盡完臣子的禮儀後才離開。

有人建議崔杼殺了晏嬰以絕後患。崔杼要他們稍安勿躁，說道：「他是百姓仰望的人，放了他可以得到民心。」於是晏嬰逃過第一個劫難。

之後，崔杼驅逐所有可能造成威脅的公子，立了公認最無能、無勇又無野心的姜杵臼做傀儡國君，他自己則擔任宰相，又特別造出「左相」這個職位以攬

絡勢力相當的慶封，開始專攬齊國國政。

為了徹底拔除反對自己專政的勢力，崔杼挾持了諸位將軍、大夫、有名望的人士與國人代表到祭祀開國國君姜尚的太公廟裡，命令他們一個接著一個歃血為盟，發誓從此服從崔杼與慶封一族，不願發誓的就當場處死。

起初大家的脖子都很硬，沒有人相信崔杼真敢如此膽大妄為，等到一連七個不肯發誓的人都被崔杼先後殺害了，再硬頸的人都得乖乖低頭，宣示效忠。

輪到晏嬰發誓的時候，他舉杯敬天說道：「上天明鑑，倘若晏嬰不支持忠於國君利於社稷的人，甘願受到上天的懲罰。」然後無懼抵在脖子上的刀劍，一口飲下杯中的血。

在場所有人都被晏嬰大無畏的勇氣震懾住了，就連手握刀劍

負責貫徹崔杼命令的士兵都顫抖了一下。

如此堅持理念，即便刀劍加身也不改其志，這才是真正的勇氣啊！

「先生真不愧是國人仰望的賢大夫！」旁觀儀式進行的崔杼在這時站起身來，揮手斥退猶豫著要不要把晏嬰當場處決的士兵，面容和善的威脅道：「晏嬰，你如果願意收回誓言，轉而向我效忠，我可以賜你前所未有的榮華富貴；倘若不願意，休怪我命人當場把你剁成肉醬！你仔細考慮考慮吧！」

但晏嬰一點也不遲疑，一字一句清清楚楚的回答：「崔杼，你沒讀過《詩》＊嗎？裡頭有一首詩是這樣唱的：『莫莫葛藟，施于條枚；愷悌君子，求福不回。』這詩告訴我們，在看到那柔弱的藤蔓要攀在樹幹上才能盡情伸展它

的枝枒時，就應該要領悟身為君子在求取幸福時，千萬不能忘記祖先的教誨。如今我怎能為了區區一點榮華富貴，就忘卻晏家世世代代信奉的是什麼呢？儘管殺了我吧！崔杼，我晏嬰死也不會匍匐在你的腳跟前！」

　　勸降不成反被教訓一頓，崔杼氣得打算殺了他，但親信一箭步趕上前來在他耳邊提醒道：「不能殺晏嬰啊，大人。您殺掉您的國君是因為他昏庸淫亂，但晏嬰是個被國人公認為重道德、講仁義的人，您若殺了他，就無法說

放大鏡

＊這裡所說的《詩》，即為六書中的《詩經》。
　　《詩經》是西周到春秋前期的詩歌總集，內容包括各國的民歌以及祭典、宴饗時所用的歌曲。春秋時代的貴族在相互應酬往來時，常常引用《詩經》裡頭的歌曲以委婉表達自己的心意。
　　文中晏嬰所引用的詩句出自《詩經‧大雅》裡的〈旱麓〉，翻成白話文意思是：「茂密繁盛的葛藤，在樹枝上蔓延；和樂平易的君子，求福的道路不邪。」他之所以援引這首詩，除了表明心跡外，也是在暗示崔杼若想上天保佑，子孫昌盛繁衍，就不要做出趕盡殺絕的事情。

服社會您的出發點是正當的啊！」

小不忍則亂大謀，有大野心的崔杼不得不再度釋放晏嬰。

豈料只是暫時保住性命的晏嬰竟然毫不示弱，反問崔杼道：「你已犯下弒殺國君的大罪，怎麼會以為施點小惠——比方是留我活口，就能杜天下悠悠之口呢？」說完，也不管崔杼的反應，就從容的走出太公廟，登上座車。

懸著一顆心等待良久的隨從終於捱到主子活著出來，急忙舉起鞭子打算策馬狂奔逃命。晏嬰卻輕輕的拍撫他的手，溫和的說道：「還是慢慢走吧。策馬狂奔不一定逃得了性命，慢慢踱步也不一定會死。要知道，你我的性命好似那籠子裡的山鹿，是死是活都牢牢的握在廚師的手裡啊。」

於是隨從聽從他的勸告，態度安然的駕駛座車，緩緩離開了

險境。＊

　　※　　　　　　　　　　　　　※　　　　　　　　　　　　　　※

　　當晉國國君打著復仇旗號，率領軍隊逼近齊國國界時，專攬朝政的崔杼將罪過往已死的莊公身上一推，派人向晉國國君表示臣服，再加上大手筆的賄賂晉國大小將領與官吏，總算讓晉國同意撤軍。

放大鏡

＊除了晏嬰以外，還有另外一群堅持立場、不畏生死的人，必須在這裡提一提。

「太史」是一國負責記載歷史的人。當崔杼以血腥手段弒殺國君，奪取權力後，齊國太史明明白白的在史書上記下「崔杼弒其君」這五個字，譴責崔杼的叛逆之舉。一心要執掌國政，甚至未來號令諸侯的崔杼怎能任由自己在史書上留下臭名，就把太史殺了。

太史的弟弟接掌其位，無懼崔杼威脅要取他性命，還是在史書上記載崔杼弒殺了他的國君，於是崔杼也殺了他。太史的另個弟弟又記，崔杼接連又再殺。

直到太史最小的弟弟依舊這麼記，崔杼終於手軟了，放棄要合理化自己作為的企圖。

太史的副手——南史氏——聽說太史被殺的消息，攜著寫好的簡冊趕抵國都，打算完成太史無法完成的工作。後來他聽說太史的弟弟已經將這事辦好了，就靜靜的回去了。

　　然而成功化解危機、一時間聲威顯赫的崔杼，可能永遠站在那個人人仰望的位置上嗎？關於這個問題，曾與崔杼共事的田須無發表過這樣的心得：

　　「崔杼將死。當初國君看準晉國內亂，決定違背盟約出兵去攻打時，崔杼曾當面表示反對，甚至還找人幫忙去勸諫，但他卻沒發現自己犯下比違反盟約更嚴重的錯誤，那就是弒君。這種沒有自知之明的人，遲早會不得好死。」

　　果然，崔杼的末日很快便來臨了。

　　話說崔杼有三個兒子。長子崔成與次子崔彊是早逝的妻子生的；幼子崔明則是備受寵愛的東郭姜生的。東郭姜還另外帶來一個名叫棠無咎的孩子，那是她過世的丈夫的兒子。

　　西元前 546 年，崔杼廢了身

染惡疾的嫡長子 —— 崔成 —— 的繼承權，改立崔明為世子。為了彌補他的損失，崔杼同意崔成的請求，允許他在崔氏的封地終老。

但崔明的舅舅東郭偃以及哥哥棠無咎反對讓崔成繼續待在崔氏封地，甚至去跟崔杼反覆爭執，企圖改變這項決定。

崔成跟崔彊得知此事後非常生氣，認為父親只顧討妻子歡心，完全不管兒子的權益，他們只好自立救濟。雖然想立刻採取行動，但兩個人又沒有調動軍隊的權力，無法可想之下就跑去向慶封哭訴：「父親被東郭姜迷昏了頭，現在無論大事小事全都讓東郭偃跟棠無咎牽著鼻子走，別人的勸戒他說什麼都不聽。我們擔心情況若再這樣下去，恐怕會毀了父親一世清譽，甚至連父親自身的安危都無法保全，所以特別

來請您幫個忙。」

慶封聽了之後非常高興，認為死對頭崔氏一族的內訌鬧得越凶，慶氏的獲利便越豐厚，於是大力煽動他們說：「對夫子有害的人，自然是必須剷除的，你們就盡力去做吧。到時倘若有任何困難，我定是義不容辭。」

同年九月，崔成、崔彊展開行動，趁著議事時，當著崔杼的面殺了東郭偃跟棠無咎。

崔杼當然勃然大怒，但見手下已在變亂中逃得一個都不剩，就隨便找輛車子親自駕著去慶封那兒，拉下面子拜託他幫忙。

黃鼠狼慶封眼見機不可失，雖然心底樂不可支，臉上還是擺出一副同仇敵愾的模樣，說道：「崔氏、慶氏不都是一家人嘛，既然他們膽敢這樣犯上作亂，我定是要幫你教訓教訓他們。」然後派遣軍隊去攻打崔氏，殺死反叛

的崔成跟崔彊，將崔杼家裡其餘的人都給擄來，平定了亂事。

戰爭結束後，慶封親自駕車送崔杼返回家園。但孑然一身的崔杼眼看家園已經殘破不堪，又聽說愛妻早在大軍破城而入時便自縊身亡，深感自己如今也是無家可歸，就跟著上吊自殺了。

於是慶封得償所願，獨掌齊國政權。

善用時機、順利剷除政敵的慶封，究竟能當權多少時日呢？要想回答這個問題，我們可以先來了解當時的人是怎麼看待慶封的。

話說某次慶封代表齊國國君到魯國去訪問。魯國的孟孫看到他的座車非常華美，就對叔孫豹說了這件事，語氣顯得頗為羨慕。

叔孫豹聽了很不以為然，回答他說：「我聽人說衣服車子華美

到跟他的為人不相稱，預示這人必定會有個壞結局。車美，為人不美，那又有什麼用呢？」

後來叔孫豹請慶封吃飯，見他吃飯的舉止粗魯不恭敬，叔孫豹深感受辱，便當面唱〈相鼠〉這首歌諷刺慶封：

「看那老鼠還有張皮，有人卻不懂得禮儀；生而為人卻不懂禮儀，還不趕快去死吧。」

令人吃驚的是，慶封居然聽不出叔孫豹唱這首歌的真意。

根據《左傳》裡的這段記載，我們可以知道當時的人對慶封的評價極低，也不認為他會有什麼好下場。

西元前 545 年，由於崔杼已死，當初迫於崔杼權勢不得不逃往國外的人，全都已經悄悄回到齊國，計畫為國君奪回權力。到了秋天，萬事都已具備，只差一個發難的理由。然而，沒有人預

料得到，引發燎原烈焰的那點星星之火，竟是一樁非常微小的事件。

　　根據慣例，御廚每天供應國君兩隻雞做成的餐點。一天，不知是哪邊出了岔子，廚子將雞改成了鴨。伺候國君用餐的侍者發現食物不對，就把鴨肉丟掉，只呈上湯汁給君王。高薑與欒竈兩位大夫這天剛好來訪，身為齊惠公之孫的他們自然是站在國君這一邊的，一看到那空蕩蕩的盤子，理所當然的認為有人故意要怠慢國君，非常生氣的大聲斥責著。

　　當消息傳到慶封耳裡時，已經被人加油添醋了一番。被誤導的慶封以為高薑和欒竈在國君面前說他壞話，氣惱的跟親信商議要找機會殺了他們。

　　那時，過去效忠齊莊公的盧蒲葵、王何等人已經潛入慶氏門

下，他們打聽到慶封將對高蠆、欒竈不利，便暗中通知對方，計劃來個裡應外合。

當年的十一月，慶封離開臨淄，帶著大部分的兵力遠赴外地打獵去了。他的兒子慶舍則代理職務，前往太公廟主持祭祀。

想要剿滅慶氏，此刻不正是最佳時機嗎？還待在首都裡的慶氏軍力只有原來的一半不到啊。於是田無宇、鮑國、高蠆、欒竈等四位大臣率領軍隊圍攻太公廟，與駐守在廟外的慶氏兵馬交戰；作為內應的盧蒲蔡、王何則趁機殺了慶舍。

正在享受狩獵之樂的慶封一聽自己的權位即將不保，立刻兼程趕回臨淄。當他發現支持國君的軍隊竟是如此龐大時，索性把事做絕，直接叛變。

他首先率軍攻打西門，失敗；改攻北門，成功了，繼續攻

打宮城，卻沒能取得勝利。缺乏後勤補給的慶封沒有太多時間可以浪費，不得已在「嶽」這個地方邀對手決一死戰，但沒有人肯理會他。

　　無法可想之下，慶封只得逃亡到魯國，之後又被逼著流亡到南方的吳國。

　　至此，在兜了好大的一個圈子後，齊國政權終於回歸到國君手上。

2 所謂治國，選賢與能就是關鍵

　　姜杵臼，也就是後世所稱的齊景公，是個喜歡醇酒音樂、旅遊打獵，生性頗為懶散的公子哥兒。身為齊靈公的幼子，莊公最小的弟弟，景公自認這輩子再怎麼算都輪不到他當國君，以致當崔杼弒殺莊公，眾兄弟為避禍紛紛逃往國外之際，他仍八風吹不動的留在臨淄過活。

　　突然被拱上國君大位後，景公並沒有樂得忘了自己是誰——他只是懶散，不是笨蛋，當然清楚崔杼立他為君只是為了要有一個好操控的木偶，根本不會認真把他當國君看待。雖然景公內心深感窩囊與恥辱，但既然自己胸無大志，那就……那就繼續糊裡糊塗、渾渾噩噩的過日子吧。

　　也因此，在即位的第四年，

當崔杼、慶封相繼敗亡，田、鮑、欒、高等四位地位最為顯赫的貴族大臣宣示對他效忠後，景公在感動之餘，一時間不知道該拿他新到手的權力如何是好。

「應該要做點什麼吧？」景公想了片刻，突然間靈光一閃，「對了，應該要論功行賞！」

而第一個被他點名的，就是晏嬰。

「太公廟裡，在崔杼以性命相脅的情況下，只有晏嬰仍昂然挺立，誓言忠於國家。這樣忠誠勇敢的人若不好好的犒賞一番，豈不讓天下人看輕了齊國嘛。」於是景公大手一揮，將邶殿一地的六十個邑送給晏嬰。

然而，出乎眾人所料的是，晏嬰拒絕接受國君的賞賜。

高蠆聽說了這事，有些疑惑、有些氣憤的跑去找晏嬰。

「凡人都渴求著財富，為什麼獨

獨您不追求呢?」言下之意是，被國君第一個指名的你都辭退了采邑，那之後第二、第三、第四個指名的人又怎敢厚著臉皮收受啊。

晏嬰的回答很值得深思。「慶封的采邑夠多了吧，結果你看他今天是怎樣的下場。就像布匹有一個固定的寬度，才方便在市場上流通，讓人民能夠使用，慾望的滿足也是有一個限度，超過了那個限度就會導致衰敗。所以不是我不愛富貴，只是擔心一旦貪欲都被滿足，接踵而來的恐怕就是災禍，於是不願接受邶殿啊。」

高蠆恍然大悟，也效法晏嬰，將國君賞賜的封邑慢慢退回去。

景公知道後，深深覺得晏嬰果然像自己先前所想的，是個知所進退並能以身作則、教化他人

的好臣子，於是將居住著許多貴族豪門，歷任縣令都說棘手難搞的東阿縣交給晏嬰治理；他也對高蠆從此另眼相看，認為這樣懂得反省改過的人，最是值得信任。

三年後，「晏嬰是個糟糕透頂的縣令」這句話傳遍了齊國大街小巷，到處都有人說晏嬰無能、苛刻百姓。閒話輾轉傳到景公耳裡，令他在錯愕之餘，十萬火急的把晏嬰召回臨淄。

只見在議政的廳堂裡，景公火冒三丈的責備晏嬰說：「寡人是相信您的能力，才將東阿縣交給您治理，沒想到您居然治理得一團糟，政績之差連寡人都聽說了。算了，算了，您還是回家閉門思過吧！」

「您怎麼如此輕信流言，而不給我一個申辯的機會呢？」晏嬰心裡這樣想著。雖然他自覺有些

冤枉委屈，但是事隔多年，他已經不是當初那個會和國君正面對抗的晏嬰了。在東海畔沉潛的日子令他體悟一項真理，那就是「言教不如身教」，與其為了讓君王理解而說破嘴皮，不如直接採取行動讓君王認清有些事不能只看表面。

於是晏嬰不慌不亂的一揖到地，「我已明白自己錯在哪了，請您再給我一次機會用另一種方法治理東阿縣。我發誓，三年之內一定讓稱讚我的話傳遍全國。」

景公不忍心直接免晏嬰的官，就答應了他的請求。

之後，不到三年時光，稱讚晏嬰的話果然傳遍了齊國。景公為此非常高興，再次把晏嬰召回國都，除了大大誇讚他的治績外，還說要好好的獎賞他。

但晏嬰辭謝了國君的賞賜，表示自己不值得這樣的讚譽。面

對景公滿臉的疑惑，他細說從頭：

「從前治理東阿的時候，我命人拓寬狹路，改善治安，使強盜小偷討厭我；我提倡勤儉孝悌，懲罰懶惰的人，於是那些忤逆長上、好吃懶做的人憎惡我；我判決訴訟時只考量法理與對錯，因而貴族豪門痛恨我；縣裡的官吏有事請託，我一律秉公處理，因此他們也不喜歡我。這些嫌我礙事的人四處毀謗我，三年後壞話就傳到您的耳邊。

「自上次蒙您召見後，我改變了治理的方針。我不修築道路，放鬆對轄區的管理，不提倡勤儉孝悌，也不懲罰懶惰的人，判決案件時先詢問權貴們的意見，左右官吏有事拜託我定是滿口答應，所以那些過去討厭我的人全部開始喜歡我，到處跟別人讚揚我，三年後我的好名聲就傳

進了您的耳朵。」

景公猛的省悟，快步走下席位，恭敬的對晏嬰拜了兩拜。「寡人終於知道自己的識見淺薄，誤信了不該聽信的話，還請先生見諒。東阿是先生的東阿，請先生依自己的方法治理吧。」

※　　　　　　※　　　　　　※

齊景公對晏嬰的信任與日俱增，只要興致一來就會把晏嬰找去，請教些有關國計民生的大道理。像是：

「統治國家、治理人民最憂慮的是什麼呢？」

「最憂慮忠於國家的人不被國君信任，國君信任的人卻對國家不忠誠，以及國君與臣子不同心。」

「統治國家、治理人民的好策略是什麼呢？」

「請賢能的人來管理國家大

事，讓有能力的人來治理人民。至於怎樣知道一個人的好壞呢？所謂物以類聚，要觀察他跟誰交往，並從他的行為去評量他的人；不要因為一個人的口才好，就以為他會做事，也不要根據外人的閒言閒語，去評斷一個人的本質。」

「古時候那些被人民背棄的亡國之君，他們究竟是做了什麼？」

「明明國家貧窮卻喜歡搞些鋪張浪費的事情，明明自己智識淺薄卻愛一意孤行；看重阿諛諂媚的小人，卻輕視賢德正直的人；沉迷酒色而忘卻國家大事，喜歡打仗卻不顧民間疾苦；賞賜不足以鼓勵從善，刑罰不足以預防惡事的發生，這些都是亡國的做法。」

這樣的問答多了，總會讓人覺得要把事情做對、做好實在太

困難，不如早早放棄算了。有一次景公就很喪氣的抱怨自己沒有當個賢明君主的才能與德行，還不如把國君讓給晏嬰當算了。

晏嬰很感興趣的問他為什麼會說出這樣的話來。

景公嘆了口氣，難得的認真求教：「請問先生，主宰國家興衰存亡的原因究竟是什麼？」

晏嬰沒有像平常一樣條列古聖先賢、昏君亂臣的異同，反倒是說了段最基本的為人處世的道理：「精細的活兒不會做，粗簡的工作也不願學的人，一定會活得貧窮委屈；沒能力使喚別人，卻也不願意受人使喚的人，必定過得卑賤；不去親近好人，又無法疏遠惡人的人，離危險必定不遠；與人交往，沒有讓別人折服的本事，但又不能讚賞他人長處的人，終將被人孤立；在外謀生，想賺大錢但沒能力，卻又不

肯接受微薄薪資的人，必然要挨餓過活；創立事業，該決策時不能獨立承擔責任，對瑣事又不能配合別人的人，必定會失敗。做人的道理如是，做君王亦如是。」

景公點點頭，若有所悟。「這幾條寡人好像都犯了，難怪齊國治理不好，諸侯也輕賤我國。寡人會努力改正，若是又不小心犯了錯，還請先生不厭其煩的提醒寡人啊。」

晏嬰嚴肅看待景公的囑託，總是很認真仔細的觀察國君的行為，並適時以適當的方式提請糾正。

有一次，齊國連下了三天雨雪還不放晴。景公披著狐皮大衣，坐在宮殿的臺階上看雪景，突然一聲喟嘆：「真是奇怪啊，下了這三天雨雪，天氣居然還不怎麼冷。」

晏嬰以為自己聽錯，為了確

認還反問國君說：「天氣真的不冷嗎？」

景公一臉舒適模樣的笑著點點頭。

晏嬰頓時表情變得很嚴肅，非常鄭重的說道：「我聽說古時候賢明的君主，自己吃飽穿暖了還能想到有別人在挨餓受凍，自己安逸舒服了還能想到百姓依然勞苦困頓。如今您卻什麼都沒想到啊！」

景公聽了很慚愧，趕緊陪罪說：「您說的真對，寡人會聽從您的教誨。」然後命人拿出糧食和冬衣，只要看到路上有挨餓受凍的人，不問其來路，全都依照規定的數量發放救濟。

這段君臣對話流傳得很廣。當魯國的孔子聽到這件事時，十分讚許的說：「晏嬰擅於表達自己想做的事情，齊國國君則擅於做他喜歡做的好事。」

又有一次，景公徵召許多百姓到國都服勞役，打算築一座宮殿，所有裝潢擺設務求新穎華美。

就在某個刮起風雨的日子，景公邀請晏嬰到宮殿裡飲酒，又把閒置一旁的樂器拿來彈唱。

兩人酒喝得正高興的時候，晏嬰突然唱起歌來：「稻子成熟了卻不能去收割啊，秋風吹啊吹啊吹得稻穀七零八落；風雨吹倒泡壞了作物，是上天存心要人民活不成啊。」

唱著唱著，他不禁紅了眼眶，又起身跳舞排遣自己的悲傷。

景公被這悲哀的歌曲打動了，起身走到晏嬰面前勸他別再難過了，並誠懇的說：「今天先生是因為寡人賜酒，才覺得機會勸諫寡人。唉，事情弄到這般田地，一切都是寡人的罪過。」於是

撤了酒席，停止了裝修的工程，最後沒有築成宮殿。

　　還有一次，景公跟臣子出門，路過晏嬰位在市場旁邊的宅第。他嫌那房子面積狹小、潮溼幽暗，而且一天到晚聽到市場上的吵鬧聲，實在不像一國名卿的居所，就打算幫晏嬰搬家，住到明亮乾燥通風的地方去。

　　但晏嬰辭謝了君王的好意，解釋道：「先父就曾住在這裡，以我目前的德行還不夠資格繼承這產業，能住在這裡已經是很奢侈的了。再說，這裡靠近市場，不管需要什麼東西都能很方便的買到，這樣就已經夠好了啊。」

　　景公聽了覺得很有意思，笑著追問道：「既然如此，不知先生知不知道現在什麼東西貴，什麼東西便宜？」

　　晏嬰出人意料的回答說：「假腳昂貴，鞋子卻便宜。」原來，由

於當時齊國的刑罰很浮濫嚴苛，很多人只不過犯了點小錯，卻被施以重刑砍去雙腳，以致市場上售有許多支撐斷肢的假腳。

景公被這樣當頭一棒，不禁收起嘻笑態度，嚴肅的看待這個問題。最後他聽從晏嬰的勸諫，減少了刑罰。

就這樣的，一個人聞過則改，另個人盡心竭力的勸諫糾正，脫序許久的齊國國政終於緩緩走上了軌道。

※　　　　　※　　　　　※

西元前 541 年冬，楚王郟敖病倒了。公子熊圍趁著入宮探視的機會，弒殺了國君以及國君的兩個兒子，然後自立為王。他也就是後世所稱的楚靈王。

楚靈王生性驕奢，在剷除礙事的國家重臣，徹底掌握王權後，滿腦子想的都是要怎樣才能

更《上《層樓，成為王上之王。在幾次成功的威嚇鄰近小國前來朝見後，他決定效法過去稱霸天下的齊桓公、晉文公，來個大會諸侯。於是，各諸侯國或懾於楚國威勢不敢不順從，或為遵守弭兵之盟＊的決議不得不敷衍一番，

放大鏡

＊所謂的弭兵，即為停止戰爭。在春秋中期，由於晉國與楚國相互爭霸的局勢持續了百年，不但帶給夾縫中的小國許多痛苦，諸侯國內新舊勢力角力的情形也越演越烈，「弭兵」的需要因而產生。

第一次弭兵發生在西元前 579 年。由於晉國卿大夫之間的兼併行動持續加溫，而楚國忙著應付吳國的連年出兵騷擾，宋國大夫華元便居中斡旋，使晉楚兩國坐下談和。可惜這次談和僅僅維持了三年，旋即爆發晉楚鄢陵之戰。

第二次弭兵是在三十年後。當時，由於晉國公室與卿大夫之間的爭鬥越發激烈，楚康王的幾個兄弟也對王位虎視眈眈，使晉楚兩國的君主決定全力處理國內事務。再加上追隨晉、楚的其他小國多年征戰下來深感疲憊，也大力支持休戰，弭兵成功的條件於焉誕生。

西元前 546 年，宋國大夫向戌協調各國，使晉、楚、魯、蔡等十四個大小國家的執政大臣在宋國首都結盟，約定過去分別是晉、楚之屬國的小國，弭兵後同時成為晉、楚的附庸國，對兩國盡同等的義務──也就是藉由犧牲剝削小國，達成大國想要的勢力均衡。

自向戌弭兵成功後，諸侯國間有四十餘年不曾爆發大規模的戰爭，而春秋歷史的主線，便轉向諸侯國內卿大夫間的政治角力，以及南方吳越兩國的相互爭霸。

都陸陸續續的派代表到楚國拜會，而公認擁有好口才又熟悉應對禮節的晏嬰，就成了齊國代表的不二人選。

然而所有知道晏嬰即將出訪楚國的人，都深深為他的安危捏了一把冷汗。為什麼呢？因為楚靈王的殘忍暴虐是眾所周知的。

例如他曾經攻占吳國的朱方，俘虜在此落腳的齊國叛臣慶封，並大肆屠殺慶封的族人。他也曾經擺下酒席宴請蔡國的國君，趁著對方爛醉時加以俘虜殺害。最後他率領軍隊消滅失去國君的蔡國，還把蔡國太子抓來，充作祭祀時的祭品。

但最放肆，或者說是最瘋狂的一次，莫過於當晉國同意與楚國結親，並派遣上卿韓起與上大夫羊舌肸護送公主到楚國時，楚

靈王為了羞辱晉國，並報復兩國相爭百年所累積成的仇怨，竟企圖違反國際慣例扣押使者，還誇口說要刖了韓起的腳逼他當守門的小吏，闍了羊舌肸強迫他當管理宮殿的小官。

若不是當時楚靈王身邊尚有幾個頭腦還算清楚的臣子，大著膽子跟他剖析利害關係，恐怕中原各國自弭兵之盟後好不容易得來的和平，將會毀於一旦。

總之，晏嬰此行的困難在於：他必須設法保住性命，並且不辱齊國的威儀。

楚靈王得知晏嬰要來，又打聽到這個號稱齊國最擅長應對辭令的人身高居然不滿六尺＊，崇尚武力又殘忍好殺的他不禁輕蔑之心大起，命令臣子們想法子好

＊根據換算，當時的六尺，約為現在的一百四十公分。

好羞辱晏嬰一番。

於是，當晏嬰抵達楚國國都時，迎接他的是大門旁的另一扇特製小門，擺明取笑他的個子矮，上不了檯面。

晏嬰作為使臣，在外的一言一行就代表著他的國家。當對方侮辱自己時，倘若忍氣吞聲的接受，不就等於讓自己的國家蒙受屈辱。於是他不但拒絕走那矮門，還反將對方一軍：「出使狗國的人才鑽狗洞，今天我出使的是楚國，不應該走這小門。」言下之意是，如果你逼我走這小門，那就是承認自己是狗囉。

負責接待外賓的楚國儐相沒別的選擇，只好改道從大門引領晏嬰。

當晏嬰來到宮廷的大殿時，楚靈王不守禮節的盤據在他的席位上，居高臨下俯視看起來更顯矮小瘦弱的使臣，從鼻孔哼了一

聲，不屑的說道：「齊國是沒人了嗎？怎麼派你出使？」

晏嬰先是客客氣氣的解釋：「我們齊國的首都臨淄有幾百條街道，街道上來來去去的人多到一張開衣袖就能遮天蔽日，一抹掉汗水就像天上下起了大雨；擁擠到走路時必須肩並著肩、腳碰著腳，怎麼會沒人呢？」

楚靈王老大不客氣的追問：「既然這樣，怎還會派你來呢？」

晏嬰恭恭敬敬的回答說：「我們齊國派遣使臣是有原則的，賢能的人，就派他到賢明的君主那邊去當使臣；不成材的人，就派他到昏庸的國君那裡當使臣。我晏嬰是齊國最不成材的人，所以才被派到楚國來。」

這頓挖苦可真是不客氣，驕橫傲慢的楚靈王怎麼可能嚥得下，但從沒被人奚落的他一時間不知要怎樣反擊才不會讓自己又

吃了虧，於是憋得一張大臉青一陣、紅一陣。左右臣子眼看苗頭不對，連忙拽了拽國君衣袖，暗示好戲已經安排好，才讓楚靈王稍微平復一些，轉而獰獰一笑：「怎會不成材呢？寡人看你分明口才便給，應對得有條有理。明晚有場酒宴，寡人很期待看到你的出席。」

次夜，當宮廷酒宴氣氛正熱烈，賓客們都喝得兩頰紅通通、雙眼醉茫茫時，兩名小吏綁著一個人從大殿外經過。

彷彿已經等待許久，楚靈王急急忙忙放下喝了一半的酒杯，高聲叫住小吏：「那邊是在幹什麼？」

就像套好招一樣，小吏拖著那人走了過來，大聲說道：「啟稟大王，這是個齊國人，因犯下竊盜罪而遭到逮捕。」

確定陷阱已經布好後，楚靈

王兩眼盯著晏嬰好似要生吞活剝他一般，嘴角勾著不懷好意的獰笑，問道：「齊國人本來就擅長做小偷嗎？」

晏嬰離開席位，回答的語氣莊重中又帶著點詼諧：「我聽人說橘樹是種很奇妙的果樹，將它種在淮河以南結出來的是甜美的橘子，種在淮河以北便只能長出酸澀的枳子。但為什麼會這樣呢？因為水土不同啊。今天這個人在齊國不偷不搶，到楚國就當起小偷來了，該不會是楚國的水土使人染上偷竊的壞習慣吧。」

即便是楚靈王本性兇殘橫暴，面對這樣機智的應對也不得不大為激賞，苦笑一陣後認輸道：「果然不可以隨便挑釁有學問的人，寡人反倒自討沒趣了。」然後命人盛給晏嬰一盤南方盛產的橘子。

晏嬰恭敬的收下君王的賞

賜，不剝開橘皮就直接啃了吃，整張臉都因橘皮的苦澀而皺了起來。

楚靈王看了覺得好笑，不禁消了火氣，還大發善心的指點他：「寡人猜想你以前沒吃過橘子吧。告訴你，要先把橘皮剝掉，吃裡面的果肉。」

晏嬰不改其莊重，朗聲解釋道：「我聽說，接受君王賞賜的瓜果時，不能削皮或剝皮。現在您堂堂楚國君主沒有賜下去皮的命令，我不敢違背禮節剝去橘皮。」

他的回答既說明了自己這麼做的理由，又巧妙的表達了對楚王的尊敬，給足了對方的面子。

於是，靠著機敏的腦袋與膽量，晏嬰不但平安渡過難關，更維護了齊國的尊嚴，完成國君交付的使命。

※　　　　　※　　　　　※

西元前 540 年，晉平公派遣地位僅在卿大夫之下的公族大夫韓須到齊國迎娶齊國公主——少姜。為了表現禮尚往來，齊景公在徵詢過朝臣的意見後，指派與韓須身分地位相當的田無宇護送少姜到晉國去。

豈料這項目的單純的任務，差點把田無宇送進死路。

原來，預計只會是晉平公眾多妃嬪之一的少姜很幸運的深受寵愛，很有可能被欽點為正妃。晉平公急切的想榮耀少姜，竟下令逮捕田無宇，理由是：「田無宇不過是個上大夫，居然踰矩護送即將成為正妃的少姜到晉國，真是太瞧不起人了！」

嘖嘖，這晉平公未免太蠻橫無理了吧！明明是他自己改變主意的，怎還能反過頭來責備別人沒有照規矩行事呢？

正當齊國上下議論紛紛，推

敲著要派誰出馬才能營救田無宇時，更具震撼性的消息傳來了。

少姜死了！還是含苞待放的年華，竟這樣毫無預警的香消玉殞。

且不說痛失愛妃的晉平公有多哀傷，各諸侯國都火速派遣擁有大夫以上爵位的貴族到晉國去表達慰問之情。

然而就春秋時代的禮節來說，國君死了，卿來送葬，夫人死了，士來送葬，但少姜死了居然能勞動大夫來送葬，這樣的舉措其實並不得體。只是各國之所以這麼做也是很有苦衷的，因為他們都暗自擔心，萬一自己按照禮俗走，偏偏晉平公認為他的愛妃值得更多，豈不是要惹出更多事端嗎？看看那個田無宇，他差點就小命不保了。

也難怪，當各國使者齊聚晉

國，針對這番勞師動眾私下大吐苦水之際，晉國大夫趙趕有感而發的說：「晉國將失去諸侯的擁戴了。」

就是在這樣的時空背景下，西元前 539 年的春天，齊國基於穩固盟約的需要，派遣晏嬰前往晉國，探詢晉平公再度接受齊國公主為妃的可能性。很順利的，晉平公同意締結這份婚約，並在他華麗的宮殿裡擺下筵席，宴請遠道而來的晏嬰。

晉國的中流砥柱、以賢能聞名當世的大夫羊舌肸當時也在一旁作陪，便與晏嬰有了下面一段流傳千古的對談。

當酒宴結束，其他閒雜人等都已退下後，羊舌肸開門見山的問道：「齊國現在情況如何？」

晏嬰的回答一如以往的直接坦白：「現正處在衰敗的末世裡。未來的情況如何我並不能確知，

但齊國大概將是田氏的吧！」

羊舌肸覺得奇怪，趕忙追問原因。

「因為國君不體恤他的子民，使他們都歸附到田氏旗下。」晏嬰頓了頓，從頭說個分明：「田氏的量制與齊國的不同，基本上田制的容量比齊制的大上許多。田氏用自家的量器借米、鹽之類的東西給人民，用齊制的量器收回借貸；將木料、漁鮮批到市場上去賣，也從不趁機抬高價錢。

「但齊國國君呢？他將人民的勞力分成三份，兩份供國家驅策，只留一份給百姓自己；國庫裡堆滿東西，爛的爛，蛀的蛀，老百姓卻挨餓受凍。他還濫施刑罰，使市場上的假腳賣得比鞋子還貴。人民的生活苦不堪言，自然都歸附到願意關愛呵護百姓的田氏旗下去了。」

羊舌肸一聲嘆息，也跟著說

起自己的難為之處。「就算是我們晉侯的家族，也已經到了末世。戰馬不駕兵車，公卿不再指揮操練軍隊，戰車上沒有戰士，軍隊裡也沒有軍官；路上餓死的人一個接一個，貴族們卻越發富有奢侈。人民聽到公家發布的命令，就像躲避強盜匪徒一樣逃得飛快；功於社稷的晉國老臣，全都貶作地位卑賤的小官；政權掌握在權貴手中，國君卻日夜沉迷於歌舞飲宴。唉，如此看來，晉侯公室的衰微，大概是指日可待了。」

晏嬰一番沉吟，滿懷關切的低聲問道：「那您將來打算怎麼辦呢？」

出身國君宗室，長久以來極力輔佐晉平公，才能勉強維持住晉國國勢的羊舌肸坦然回答說：「我只能盡力而為，其他的就留給上天來安排。我聽說一個國家

的衰亡，是先從國君的宗室開始，然後才輪到國君本身。現在，與國君同宗的十一個家族中，只剩下我羊舌氏還存在，我又沒有兒子，貴族們卻又荒淫無度，我要能得到善終就是萬幸了，又怎敢奢求子孫的祭祀呢?」*

兩人一陣唏噓後，羊舌肸反問晏嬰說:「既然齊國的德政也已經衰弱了，您將來又該怎麼辦呢?」

晏嬰的答案簡潔明瞭:「我聽說為人臣子在侍奉英明的國君時，應該盡心盡力竭盡所能，直到力不從心時就引退，絕不用欺瞞的手段去保持俸祿;侍奉昏庸的國君時，盡可能勉強遷就以求

*後來事情的演變一如這兩位政治家所預料的:齊國最後被田氏篡奪，史稱「田氏代齊」;晉國則被韓氏、趙氏、魏氏三大異姓貴族世家瓜分，即為「三家分晉」。

保全自身，倘若力有未逮就辭官回鄉，絕不抹消自己的忠誠之心，阿諛奉承權貴君王以求飛黃騰達。」

羊舌肸聞言不禁擊掌讚道：「太好了，您的原則的確是解決這項難題的最佳做法啊。」

晏嬰不負眾望的達成國君交付的任務後，便起程返回齊國。當家臣駕著馬車循著大路抵達市場邊的家門口時，赫然發現那狹隘、潮溼、幽暗的破房子居然憑空消失了，取而代之的是幢寬敞、明亮、建材用料都屬上上之選的豪宅。

瞧這屋子的占地面積廣大，八成是國君命人把鄰居都趕跑了，奪了他們的地來建我的屋子。

晏嬰心裡頗為不滿，但他暫且按捺脾氣，決定等明天一早跟國君報備後，再做處理。

　　第二天，晏嬰上朝跟齊景公呈報此番出使的成果後，先是對國君為他蓋新房子的一番美意表示感謝，然後告知自己即將採取的行動：「我打算把新房子拆掉，一切恢復舊觀，並把遷走的老鄰居都請回來。」

　　景公聽了非常生氣：「蓋房子給你是為你好，你竟然想拆了它？晏嬰，你未免太不識抬舉了！」

　　晏嬰幾時怕過國君生氣，但看這熊熊怒火，他知道現在不是規勸的好時機，就抬出另一個乍聽之下怪力亂神，卻十分切中景公稍顯迷信的心態的理由。

　　「俗話說：『占卜不是為了得知房子好壞與否，而是為了選擇好鄰居。』由此可知好鄰居、好環境的難得。我的這些鄰居已經住了十幾二十年，現在把他們趕走，不就等於要招來不吉祥的東

西進駐嗎？」

　　景公一聽覺得頗有道理，但還是有點餘怒未息。在少姜死後被釋放回國的田無宇在一旁看到晏嬰跟他使眼色，立刻心領神會幫忙勸說，終於使國君勉為其難的接受晏嬰的做法。

　　然而，不管是晏嬰或是田無宇，他們都了解彼此雖然都把人民的平安幸福放在心上，但由於出發點的不同，一個是希望在國君宗室的統治下，齊國人民能夠安居樂業；另一個是為擴大田氏在百姓心中的威望，圖謀未來執掌齊國大權的可能，終究不可能成為推心置腹的朋友。

　　兩人的歧見雖未明白說出口，但聰明的他們都曉得，就在不遠的未來，衝突勢必浮出檯面。

3 哼，不就是 一丘之貉而已嗎？

　　有了晏嬰的輔佐，齊國國政日趨穩定，國力也逐漸累積。

　　在周遭一片看似四海昇平的景象下，齊景公心中，一顆從未感受過它的存在的慾望種子，緩緩的抽出了芽。當他察覺到這個欲望時，心情與其說是振奮，不如說是惶恐的。

　　他真的可以嗎？他要放手一搏嗎？他要──

　　稱霸天下，大會諸侯嗎？

　　雖然心中遲遲未有結論，一旦機會出現時，他倒是毫不遲疑的緊緊抓住了。

　　所謂的「機會」，來自北方燕國的內亂。

　　燕國的國君簡公有很多寵愛的人。為了讓他們開心，簡公打算罷黜朝中大夫，改立寵臣們接

掌這些頭銜爵位。

西元前 539 年的冬天，被激怒了的燕國大夫們聯合起來，殺掉國君的寵臣。萬分恐懼的簡公倉皇逃往齊國，哭訴他的震驚與委屈。

要想號令天下，首先要贏得其他國家的敬重。在晏嬰長年叮囑教誨下已經明白這個道理的齊景公，打算藉由替燕簡公伸張正義，換得對方的感激與服從。為了一擊即中，他緊鑼密鼓的籌備一切，還親自拜見晉國國君，請求攻打燕國的許可。

三年後的冬天，齊景公率領軍隊前往燕國，要求他們接納燕簡公回國執政，但燕國人充耳不聞，還更加緊閉城門，一副要頑強抵抗的模樣。

景公見狀有些煩惱，便問晏嬰有什麼看法。

晏嬰本來就不贊同國君出

兵，於是趁機勸說道：「還是不要攻打燕國，逼迫他們迎回簡公吧。事情都發生好幾年了，燕國百姓也早就立了喜歡的人當國君，自然不可能改換心意效忠舊主。再說簡公喜歡人們巴結他，愛收受賄賂，做事又不講信用，就算順利助他奪回國君的權位，齊國也不一定能從中得到利益，那又何必動用武力強逼燕國人敞開城門，歡迎老主人呢？」

　　齊景公覺得晏嬰的建言很有道理，便改變主意要跟燕國談和。而在重兵的威脅下，燕國人怎敢不接受齊國的要求？於是惶恐的認了驅趕國君的罪過，發誓從此服從齊國命令，再奉上燕國公主及許許多多的玉器，換取和平。

　　首次出兵即奏凱歌，齊景公滿心歡喜的不再插手燕簡公的未來。次年，魯國派遣使者來到齊

國，誓言與齊國結盟互守。如此一連兩項重大的外交勝利，讓齊景公意氣風發之餘，展望收服下一個國家。

然而命運之神的操弄萬分奇妙，長久以來一直大力支持國君的高薑於西元前 534 年的夏天去世了，這使得齊國四大貴族世家間戰戰兢兢勉強保持平衡的權力天秤，開始傾斜。

話說在崔氏與慶氏相繼敗亡後，把持齊國政治權力的主要是欒、高、田、鮑這四大家族；欒氏與高氏都是從姜姓公族分出的，田氏是陳國貴族公子完的後人，鮑氏則是鮑叔牙的子孫。四股力量像是桌子的四條腿，支持國君穩穩站在社會的最頂端。

但時局不會一直這樣穩定下去。西元前 539 年的冬天，欒竈首先去世。三條腿的桌子雖然還能站立，局面卻已岌岌可危。

　　晏嬰當時便有所警覺，萬分感慨的對大夫司馬竈說：「姜族已經沒落，而田族即將昌盛。高薑、欒竈合力時還能勉強止住姜族的頹勢，但現在已經去掉其中一個了。唉，姜族真是危險啊！」

　　等到高薑亡故，過去隱伏在暗處的權力衝突，便正式浮上檯面。

　　挑起戰端的是欒竈的兒子——欒施。他覬覦高氏的權力已久，便趁高薑的兒子——高彊——地位尚未穩固時，殺害高氏家臣之長、總管高氏事務的梁嬰，另立個自己人接掌。他還驅逐反對這項安排的大夫、公子們，想要使自己侵奪高氏政權的行為看似眾望所歸。

　　高彊的家臣們為此忿忿不平，嚷嚷著：「我們的小主人已經長大了，可以獨立管理高氏了，你這樣插手我們家的事情，不就

是「想兼併我們！」群情激憤之下，組成大軍要攻打欒施。

田無宇跟高薑的交情向來頗好，在得知高氏被欒施這樣欺壓後，也準備了軍隊要去援助。

後來有人把高氏與田氏結盟的消息走漏給欒施知道。欒施本來不相信，照原定計畫到高彊家去，結果在路上碰到好幾個人告訴他高氏的軍隊已經在集結。

決心貫徹兼併企圖的欒施盤算著：單憑高彊本身的軍力，斷然不敢單挑欒氏；他們之所以鐵了心要反抗，定是仗著背後有田無宇的援軍。

於是欒施改變主意，直接找上田無宇。

田無宇那時一襲軍裝，正要出發與高氏的人馬會合。一聽手下稟報欒施即將抵達，他心中大叫不好，暗自忖道：在這種緊要關頭，要討伐的對象居然登門拜

訪，八成是軍情已經洩漏。所謂「制勝之道在於攻敵之不備」，既然現在敵人已經有所準備，自然就得如此如此，這般這般。

心中權衡一番後，田無宇回家換上便服，迎接樂施的到訪。

在一段寒暄後，田無宇及樂施一東一西的在大廳裡坐定了。兩人沉默了好一陣子後，樂施首先打破沉寂：「我來這裡的路上，聽人說先生正要出門。不曉得在這大熱天裡，究竟發生何等大事以致勞動先生？」

心底另有盤算的田無宇沒有直接回答問題，反倒抖出了高氏的行動：「我聽說高彊要率領軍隊攻打你，不知你聽說了嗎？」

滿懷戒心的樂施只簡單答說：「沒有聽說過。」

田無宇於是微微向前傾身，壓低聲音，一副「我你同盟共謀」的模樣，「你應該趕緊調派

軍隊以為因應，如果需要的話，我的軍隊也可以追隨你。」

所以你是計畫冷眼旁觀鷸蚌相爭，等著坐收漁利囉！

終於搞懂對方在算計什麼的欒施，頓時勃然大怒！「田無宇，你為什麼要大力鼓吹我去攻打高彊？他不過是個孩子，處理事情難免毛躁莽撞不妥貼，我擔心他管不好高氏，不但挖心掏肺指導他，還幫他找到合適的人來當家臣之長。就算現在他對我有些誤會，我若不顧念兩家往日的情誼，直接率軍去討平鎮壓他，這樣怎對得起姜氏列祖列宗呢？再說，既然你事先得到消息，知道他準備要攻打我，為什麼不勸他往好的方向想，乖乖聽話不要惹事呢？」

雖然欒施沒有點明，但田無宇一聽就懂對方除了自我澄清之外，更指責他才是那個挑撥離

間、渴望挑起戰端的人。既然意圖已被看穿，他也只好萬分扼腕的放過這次機會，叩頭認錯道：「願齊國列祖列宗賜福予你，也希望你嘉惠於我。」然後居中為高氏、欒氏調解，使兩家的感情和好如初。

對欒施來說，雖然順利化解糾紛，但他已從這次交手中認清田無宇的雙面性格，便轉而努力強化欒氏與高氏的關係。

之後，由於擁有同樣的嗜好，欒施與高彊常相約喝酒，發洩對外界的諸多不滿以及對田氏、鮑氏的妒忌怨恨。在那種負面情緒中打轉久了，再加上酒精的催化作用，他們決定聯手合作，剷除礙眼的田、鮑二氏，一躍成為齊國政權的真正主宰。

西元前 532 年的夏天，有人探得消息，並轉告給較受人民愛戴的田無宇及鮑國。早有防備的

田無宇便決定搶在欒施發動攻勢之前，先與鮑國合力出兵反制。

他首先整頓軍備，並派探子監視敵人的行動，但探子的回報十分令人不解。

「聽說欒施、高彊每天都喝得醉醺醺的，我覺得他們似乎沒打算要開戰，或許只是酒喝多了，就隨便亂說話吧。」擺手斥退左右後，心腸軟的鮑國嘗試為那兩個做事莽撞的年輕人說話：「既然現在消息很多，沒法判斷哪一條才是真的，我們何不暫緩戰事，多觀察幾天呢？」

田無宇搖搖頭，心中暗笑鮑國真是婦人之仁，終究難成大器。「或許欒施他們只是隨口說說，但如今我方軍隊已經編成，他們遲早會收到這個訊息，並起意攻打我們。既然已經形成這種局面，乾脆一不做、二不休，趁著欒施、高彊還在飲酒作樂時先

把他們拿下，以免夜長夢多。」於是就出兵攻打欒、高二氏了。

聽到手下稟報田鮑聯軍已經逼近，從酒鄉中猛然驚醒的欒施與高彊，急得像熱鍋上的螞蟻般拚命想法子要扳回一城。

「乾脆調遣軍隊，轉攻國君算了！」苦思許久遍尋不著解決的方法，一身酒臭的高彊開始大放厥詞：「只要一掌握了國君，還怕田無宇、鮑國私下玩手段！」

滿眼血絲的欒施聽了一拍大腿，大喝一聲：「老弟，就等你這句話！田無宇他們鎮日吃飽了撐著，到處惹事生非，現在竟把腦筋動到我倆身上，真是欺人太甚！事不宜遲，我們立刻出發，找國君評理！」

而行軍至半途的田無宇、鮑國聽到欒、高二氏的軍隊已經開拔，目標直指國都時，也立刻改變方向，趕赴臨淄。

正午時分，臨淄城外一片喧譁，樂施與高彊的旗幟迎風獵獵作響，數千士兵將虎門*包圍得水洩不通。

虎門前，在一陣強攻失敗後，樂施、高彊披盔戴甲站在戰車上，對著守城的衛士們大聲喊話：「我等來此是因為有緊急軍情，必須當面稟報國君，你們識相的就趕緊讓開！不讓開的休怪我待會提請國君，治你們貽誤軍機之罪！」

衛士將領聽了這話，心中暗自冷笑。

就算你樂施、高彊是國內首屈一指的貴族又如何，稟報軍情需要攜著軍隊一同前來嗎？方才那陣亂箭招呼又是什麼意思？該不會是打著面稟國君的旗號，實

放大鏡 ＊臨淄宮殿的殿門上畫著老虎，所以一般稱正對著殿門的宮門稱為「虎門」。

際上卻是想挾持國君，行不軌之事吧？

就在雙方人馬僵持不下的當口，田無宇、鮑國也率領著軍隊趕到了。他們遠遠看到對手正在跟守城衛士心戰喊話，更是快馬加鞭衝向虎門，邊跑邊吆喝道：「欒施、高彊休想輕舉妄動！有我田、鮑二氏護駕，你們休想逼宮＊！那邊守城的聽了，我等得知欒、高意圖謀反，特別趕來支援國君，你還不速速傳訊，讓國君接見我們。」

原本心中篤定的衛士將領見到這個情形，反而變得手足無措了。

國內最顯赫的四大貴族全都聚在虎門前，還各說對方的不是，這究竟是怎麼一回事？欒施來此真的是為軍情？田無宇來此

＊古時大臣強迫帝王退位，稱為「逼宮」。

果然是為護駕？或者他們同樣懷著不軌之心？

無法決斷之下，他無意間瞥見了早在戰事一開始就已聽到消息，義無反顧率領家臣前來協助守城的晏嬰。

只見在五月豔陽下，一身厚重朝服的晏嬰越發顯得矮小可憐，但他挺立在千軍萬馬之前的凜然身姿，散放著唯有真正勇者才敢一夫當關的宏大氣魄。

衛士將領緊繃許久的神經不禁為之一鬆，趕緊上前請示晏嬰，到底哪一方才是可以信任的。

「信任？哼，不就是一丘之貉而已嗎？」晏嬰站在虎門外頭，迎視全副武裝的權貴私兵。「帶著軍隊來晉見國君，不會是黃鼠狼給雞拜年吧。」

而田、鮑、欒、高四人眼看喊了大半天沒結果，又見晏嬰站

在前頭不知在跟衛士胡說八道些什麼，馬上改換了勸說的對象，要晏嬰過去面對面好好溝通一下。

晏嬰卻是站定了了，根本懶得搭理。

他的家臣見狀非常擔心，「大人，我們要幫助哪一方？田無宇跟鮑國嗎？」

晏嬰眉眼一挑，回答:「有什麼好處嗎?」

家臣困擾的搔搔頭，又問：「那幫欒施、高彊呢?」

晏嬰的回答一樣簡單扼要：「他倆也差不了多少。」

家臣呆了一下，最後吞吞吐吐的問道:「還是我們就直接回家去?」

晏嬰瞪他一眼，語氣嚴肅的反問:「國君在這打仗，我們可以置身事外嗎?」

這時齊景公派人來傳令說要

見他，晏嬰便交代了些必須注意的防禦工事，然後進宮去了。

一行畢臣子之禮，晏嬰開門見山的問道：「您決定好要派誰去應戰了嗎？」

大清早從睡夢中被這變故驚醒，如今仍有些魂不守舍的景公吞吞吐吐了半天，最後聲音微弱的問道：「欒施真的反叛了？田無宇真的是來護駕的？」

晏嬰斬釘截鐵的回答：「欒施與高彊確實反叛了；田無宇跟鮑國不見得是來護駕的。」

景公一陣啞然，接著又問：「若要開戰，派誰領軍比較好呢？」

晏嬰心知沒時間猶豫了，便提議道：「那就占卜，請上天指示合宜的人選吧。」依他看來，派誰應戰結果都不會有太大的不同，問題癥結是在國君的優柔寡斷，因此還不如直接訴諸鬼神之說，

效果最是立竿見影。

　　景公也如他所料的立刻精神一振，請掌管占卜的卜祝到場一占，再根據占卜結果命人率軍應戰，並特地帶上繡有交頸龍形、象徵齊國王權的旗幟。

　　於是在這一天，國君的軍隊與欒高聯軍開戰了。他們首先在臨淄城祭祀后稷的地方擺開陣勢，一陣慘烈廝殺後，欒、高戰敗。移師到大車道上繼續打，欒、高敗得更慘。首都的百姓這時也加入國君的隊伍，滿城追逐著四處逃竄、嘗試整軍再戰的敵人，然後再一次在臨淄城的鹿門擊敗他們。

　　被徹底擊潰的欒施與高彊在齊國已無立足之地，只得流亡魯國。

　　稱心如意的剷除政敵後，田無宇、鮑國打算一同瓜分欒氏與高氏的家產。

　　長久以來一直密切注意田無宇動向的晏嬰，知道自己非得出手阻止這件事不可。

　　鮑氏還好處理，因他們基本上唯田氏馬首是瞻，只要能擺平田氏，鮑氏自然會乖乖聽話。但田氏可就不一樣了。在過去一連串興利除弊、善待百姓的政策後，田氏在齊國的聲望之高已經使百姓歸附如流水，若再讓他順利兼併欒、高的封邑，則田氏的勢力將實質的凌駕在國君之上。

　　於是當田無宇找他過去商討如何瓜分欒、高家產時，晏嬰利用機會向田無宇分析利弊得失：「您一定要將這些家產、封邑還給國君啊！高彊、欒施不知謙讓為何物，已經擁有龐大的產業卻還想要更多，所以遭到家族覆滅、流亡他國的下場，您看在眼裡難道不會暗自警惕嗎？盲目求利只有害處，唯有施行仁義才能

長久的保全自身啊。」

　　重視仁義與名聲的田無宇也許是被晏嬰的一番話說服了，但更可能是他覺得這個時間點太過敏感，倘若老實不客氣的兼併欒、高的家產，或許顯得太野心勃勃而給人說三道四的空間，所以也就從善如流的將欒、高兩家的財產還給國君了。

　　心機重的田無宇甚至還以退為進，召回了許多至今仍滯留國外的公子，將原屬於田氏的封邑、俸祿、田地送給他們，一些米糧則分贈給國內窮困的人，並自請歸隱到「莒」這個地方去。

　　後來景公聽說了田無宇的種種仁行義舉，便將莒地附近的幾個邑送給他，但被他婉言拒絕了。後來是由景公的母親做主，將高唐一地送給田無宇，田氏便以此為根據地，慢慢的發展起來了。

※　　　　　　　　　　※　　　　　　　　　　※

　　好不容易從逼宮的危機中挺了過來，齊景公這個很難從危機中得到教訓的國君，一旦暫時擺脫世家大族對王權的威脅，又自恃有賢能的大臣輔政，廣築宮殿、四處遊樂、無視民間疾苦的壞習慣便又復發了。

　　比方他曾徵召國人修築寢宮前的高臺，耗時三年還未落成；也曾動工興修宮殿，花了兩年還沒竣工；然後又要開通一條從營丘到鄒地，距離長達數百里的大道。他也經常無視人民的需要，在農忙季節出遊打獵妨礙農耕，使得國庫的存糧見底。他更曾因為老百姓誤砍一棵他心愛的樹，就命官吏逮捕那人，打算殺一儆百。

　　晏嬰當然不可能放任國君的行為越來越偏向暴虐的一端，總

是想盡方法、變著手段一一一攔阻住了。可是一天到晚幫國君收拾善後，時間久了會讓人覺得很灰心，尤其國君似乎從來不曾從中得到教訓。

終於有一次，晏嬰的怒氣爆發了。

那時連續十七天下著傾盆大雨，齊國許多地方都被洪水淹沒，百姓們流離失所。晏嬰多次請求國君發放糧食救濟災民，景公卻彷彿什麼都沒聽到、看到般，成天只顧飲酒作樂，甚至命令左右近臣盡速巡察各地，一發現有能歌善舞的人就將他們送進皇宮。

晏嬰聽說這事後，非常非常的生氣，便把自己家裡的存糧分贈給災民，把裝載糧食的用具放在路邊供人取用，然後徒步跨過重重汙泥，進宮找到景公，嚴屬的責備道：「大雨已經連下十七天

了，洪水不但沖毀了屋子，更流走了路基。受災的百姓們沒得吃沒得穿，更沒有投訴求救的地方。面對這樣慘重的災情，身為君王的您卻絲毫不感憂慮，不但日日夜夜飲酒作樂，還四處搜羅助興的人。百姓們已經餓到連碗稀粥都沒得果腹，您國庫裡的糧食卻多到拿來餵馬、餵狗，後宮妻妾也餐餐山珍海味。您對狗馬妻妾是不是太厚愛了？您對齊國百姓是不是太看輕了？我身為國家大臣，如今卻使百姓受飢忍苦而無處投訴，讓國君沉迷飲宴而不知體恤人民，我的罪過實在夠大了。」

語畢，他向國君拜了二拜，請求革去自己的職位，然後快步離去。

景公那時還在宿醉中，猛然被晏嬰的宣告給嚇醒了。他腳步踉蹌的前去追趕，卻因路上滿是

泥濘難以行走而追趕不上。於是景公急忙命人取來馬車，駕著車沿路找尋晏嬰，直到遠離國都的大馬路上才找著。

下車後，景公跟在晏嬰身後，態度懇切的說：「寡人有錯，先生可以背棄寡人不再輔佐，但國家及百姓的福祉又該怎麼辦呢？希望先生勉為其難回來輔佐寡人，寡人願意拿出國庫的糧食財物給百姓，如何發放全憑先生指示。」

經過景公再三的拜請懇求，晏嬰這才改變心意返回朝廷，十萬火急的調派官員去調查災民的需求，並在三日內將補給品發放完畢。真心悔過的景公為了與民同苦，不但減少吃肉喝酒，不再餵馬匹犬隻人吃的食物，最後還聽從晏嬰的話，把多餘的婢妾、侍者、女樂共三千人，限期遣離宮廷。

　　可是，雖然景公誠心改過了，但受限於天資稟賦，也或許是年輕時沒有好好的涵養學識，又或許純粹是因為迷信，在面對問題時他獨力想出的解決之道，總是荒謬的令人啼笑皆非。

　　例如有一次，齊國發生旱災，景公憂心忡忡的召集百官前來，問他們說：「上天已經許久不曾下雨，農作物都將乾枯而死，百姓也快挨餓了。寡人命人占卜，結果說這作祟的鬼神住在高山大澤裡。寡人想徵收一些稅金，到鬼神居住的靈山搭建祭壇祭祀，這樣可以嗎？」

　　正當臣子們你看我、我看你，不知該贊同還是反對時，晏嬰大步走上前，回答說：「不可以。靈山本身以石頭為身，以草木為髮，天久不下雨讓祂頭髮即將燒焦，身體既乾又熱。難道祂不想要下雨嗎？既然需要雨水，

又沒辦法讓自己免於乾渴的命運，祭祀祂會有什麼好處呢？」

景公低頭尋思，覺得有理，但還是沒放棄這個主意：「要不改成祭祀河伯，這樣總行了吧？」

晏嬰搖搖頭，嚴肅的說道：「也是不行。河伯以水為國，以魚鱉為子民，天久旱不雨，使得水位下降，河川枯竭，國家將滅，人民將亡，難道祂不想下雨嗎？但既然需要雨水，卻沒辦法讓自己免於乾涸的命運，祭祀祂又有什麼好處呢？」

被這縝密的邏輯推論說服後，景公更是煩惱了，焦躁的反問說：「這不行、那不好，那換你說說該怎麼辦啊？」

晏嬰手一拱，誠懇的回答：「如果您願意離開宮殿，到山上野地露天而居，與河伯、靈山共患難，或許就能夠感動上天，求得雨露呢。」

　　景公想了想，覺得這樣做的確更顯得真心誠意，於是聽從晏嬰的建議，離開宮殿露天而居。三天後，也許是時令已到，也或許是上蒼真的被感動了，老天果然降下大雨，讓百姓的耕作灌溉得以繼續。

　　又有一次，景公在壽宮遊玩時，遇見一名肩背柴草、滿臉飢色的老人。景公很同情憐憫他，一邊嘆氣一邊說道：「快派幾個官吏過來，把這可憐的老人帶回去供養吧！」

　　晏嬰看到這一幕，立刻出言誇讚說：「我聽說，喜歡親近賢人而能憐憫窮人，是一國得以強固的根本。今天您同情老人，並能施恩照料他，正是徹底掌握了治國的基礎啊。」

　　景公聽了滿臉堆笑，非常高興。

　　晏嬰打鐵趁熱，接著又說：

「聖明的君王看見賢能的人，就歡歡喜喜的去親近他，看見生活貧困孤苦的人，就同情憐憫他。現在請求您把這些年老體弱而無人供養的人，鰥夫、寡婦等沒有家人照料的人，在經過討論評議後，給予他們維生所需的糧食與布匹吧。」

被誇得飄飄然的景公立刻欣然同意，說道：「就照你說的這麼辦吧。」於是齊國老弱得到衣食的供給，鰥夫、寡婦的生活均有了著落。

話說回來，既然晏嬰享有如此罕見的君王禮遇，按照一般人的想法，他的物質生活即便不比王侯豪奢，但天天錦衣玉食應是不難的，可實際上呢？

有一次，晏嬰想在家裡辦一場酒宴，為了邀請國君來參加，他吩咐家臣一定要把家裡飲酒的器皿全都換成新的。

　　主管家計的家臣翻翻帳簿，面有難色的回答說：「家裡的錢財不夠，沒法子買新的酒器，請允許小臣向百姓徵收一小筆稅金以為支應。」

　　原來，在距今兩千五百年前的封建時代，運氣好攀上貴族的身分的人，在朝時多是挾其權力壓榨百姓、中飽私囊；下野時則拆人屋宇、奪其田舍，為擴大自己的居所。當這些行為在社會上行之有年，以致人人習以為常時，作為貴族階層一分子的晏嬰家臣，缺錢時第一個出現在腦海裡的念頭自然也是往老百姓的荷包下手。

　　但律己甚嚴的晏嬰一聽這話，立刻否決了家臣的提議：「不行！所謂的歡樂，應該顧及不同階級的人。如果居上位的人為了追求自己的歡樂，卻害百姓們必須多耗費錢財來承擔，這樣就是

把自己的快樂建築在別人的痛苦上了。我想，酒器用舊的就已經夠好了。」

還有一次，正當晏嬰用餐的時候，國君的使者抵達。為了招待使者，晏嬰便把餐點分一半給使者吃，結果兩個人都沒吃飽。

景公從使者口中得知這情形，聯想起多年來晏嬰上朝總是一身粗布衣裳，坐的是舊車，駕的是劣馬，不禁又是驚訝又是憐惜的說：「晏嬰的家境如此清貧，寡人居然不知道。唉，這完全是寡人的過錯啊。」然後派遣官吏送去千兩黃金與市場上的稅收，請晏嬰好好照顧自己與賓客。

晏嬰多次辭謝君王的好意，但景公認定晏嬰經濟狀況不好，硬是不肯收回成命。最後晏嬰前往宮殿，親自對國君解釋道：「身為宰相，我有七十萬畝的食邑，不但家裡不貧窮，我父母兩邊的

親戚、妻子那邊的親戚，甚至我的朋友們也都衣食無虞，還有多餘的糧食錢財可以拿來救濟百姓。我聽人說，忠心的臣子不會左手從君王那取來過多的錢財，右手將錢財施捨給百姓，以博取好名聲；仁慈的人不會把國君施與的賞賜，偷偷藏在家裡的竹箱子裡；聰明的人不會拚命跟朝廷挖錢，一輩子小裡小氣的緊守著財產，卻在死後讓這些財產原封不動的轉到別人手裡。一些粗布，一點菜飯，足夠我一輩子過活了。」

景公聽了雖然感動，但仍沒被說服，並且提出反證:「我的祖先齊桓公，曾經封給管仲一萬戶的人口與土地。既然偉大智慧如管仲都接受了，先生現在為什麼要推辭我的賞賜呢?」

晏嬰的回答雖然謙虛簡短，仍能表達他對管仲豪奢生活的看

法：「我聽人說，聖人千慮，必有一失；愚者千慮，必有一得。我想管仲的缺失就是我的正確之處吧。所以我只能再次拜謝，實在不能接受您的賞賜。」

聽到這樣的答覆，即使景公非常想要厚待晏嬰，也只能放棄原先的想法。

後來，景公某次到晏嬰家喝酒時，見到晏嬰已經不再年輕貌美的妻子。由於景公有個鍾愛的女兒一心想嫁給聲望好、德行佳的晏嬰，便仗著酒意提出：「哎呀，這又老又醜的婦人怎配得上先生呢？寡人有個女兒，青春正茂、貌美如花，交給誰寡人都無法放心，不如就許配給先生吧。」

面對君王的這項提議，一般人一定是既高興又惶恐的趕緊接受，晏嬰卻不然。

他毫不猶豫的起身離席，回答說：「雖然妻子現在年老而且醜

陋，但我跟她已經相處很多年了，過去她也是年輕貌美的啊！當年她年輕美麗時願意將自己託付給我，而我也接受了她的託付，怎能因為今天她已經不再年輕美麗，而且君王願意恩賜於我，就辜負她當年的託付呢？」於是拜了兩拜，謝絕了國君的提議。

這就是樸實而且忠誠的晏嬰。

君子和而不同，
小人同而不和

　　韶光如流水，一去二十年，春秋時代各諸侯國的勢力也彼此消長著。

　　當晉國國君對內不再能妥善處理國家大事，對外也無法捍衛公平正義，以致失去諸侯的擁戴時，懷抱稱霸雄心的齊景公透過結盟與討伐兩種手段，成功迫使鄰近的莒、鄭、邾、杞、燕、魯等國家俯首稱臣，一躍成為勢力可與晉國分庭抗禮的東方主宰。

　　雖然這成就比不上齊桓公的九合諸侯、一匡天下，但也算是開創了一番新局面。心滿意足的景公覺得此生此世已經了無遺憾，就把政事交給大臣處理，將心力全都放在飲酒行樂上。

　　有道是：「獨樂樂不如眾樂樂。」更何況景公生來就是愛熱鬧

的性格，於是在某個想喝酒卻沒酒伴的晚上，他命人帶上酒宴的各項器具與食物飲品，踏著月色一起去敲晏嬰家的大門。

　　晏嬰那時已經準備就寢了，一聽國君的侍從宣告君王駕到，急忙換上朝服走到大門前，「請問是諸侯間有變故發生了嗎？還是國家陷入了危難？如此深夜，為什麼您要屈尊到我家來呢？」

　　景公哈哈一笑，手一揚展示背後的陣伏，「寡人準備了美酒佳餚、絲竹管絃，想與先生一同享受。」

　　晏嬰聞言一拱手，客氣的推辭道:「設席擺宴這種事另有專人會做，請原諒我不敢參與這樣的事情。」

　　碰了個軟釘子的景公只得交代隨從，將酒宴轉到司馬穰苴家去。

　　穰苴一聽是國君來訪，匆忙

披上盔甲、拿起長戟，趕到大門口，「是諸侯將有軍事行動嗎？還是有大臣陰謀造反？如此深夜，為什麼您要屈尊到此呢？」

心情仍然高昂的景公朗聲說道：「寡人已經備妥酒宴，希望與將軍共享。」

穰苴聽了連連搖頭，嚴肅的謝絕說：「設席擺宴這檔事，國君有專人會處理，請恕我無法參與。」

一連吃了兩頓閉門羹，景公不禁有些掃興，只好交代侍從：「把酒宴移到梁丘據家吧。」

到了梁丘據家，侍從才剛宣布國君抵達，梁丘據便左手拿著瑟，右手提著竽，邊走邊唱的出來迎接。

心情終於好轉的景公忍不住感慨的說道：「我的晚宴總算能夠盡興了啊！如果沒有晏嬰、穰苴，我如何能治理國家呢？如果

沒有梁丘據，我又怎能快樂呢？」

的確，除了對賢能臣子的勸諫言聽計從外，對於左右近臣投他所好的各式提議，景公也是來者不拒。

全副心思都在國計民生上的晏嬰自然不欣賞這些專門鼓吹國君享樂、還提供各種玩樂點子的倖臣，總找機會勸諫君王遠離他們。

有一次，景公派人修築一座水道蜿蜒曲折、深度剛好可以淹沒車軸的池子，在水池旁邊蓋了一棟高達數丈的宮殿，還在樑柱上精雕細琢了龍蛇鳥獸的花紋。

宮殿落成後，他興沖沖的穿了套五顏六色繡滿花紋的衣服，頭上戴了頂帽子，頭髮卻不加修整任其蓬亂，然後站在宮殿前的高臺上，一臉傲慢的面南而立。

當晏嬰朝見時，景公望著自己的水中倒影，若有所思的問

道：「以前管仲輔佐桓公建立霸業時，究竟是怎樣的風光景況？」

晏嬰心知君王是在暗中與桓公做比較，他不想奉承君王，乾脆低頭不語。

景公以為晏嬰沒聽清楚，又再重複一次問題。

這次晏嬰回答了，但他的答案乍聽之下好像文不對題：「我聽說，只有蠻夷之人才與龍蛇為伍，今天您費盡心思就只為了將龍蛇鳥獸齊聚在宮殿裡，哪還有心思顧及稱霸大業呢？況且，您身為齊國國君，全心全意都在誇耀宮室之美、衣物之麗，整個人卻披頭散髮不倫不類……如此致力於不合正道的事情，您還能靠誰來圖謀霸業呢？」

景公聽了很慚愧，便走下高臺到晏嬰身旁解釋道：「梁丘據、裔款告訴寡人宮殿建成了，所以寡人穿上這身行頭，跟他們倆私

下玩鬧，又請先生過來瞧瞧。既然先生不喜歡，請允許寡人改換衣服並移到另座宮殿，再來聆聽先生的教誨，這樣可以嗎？」

　　晏嬰自然清楚景公是被他數落得窘了，急著找臺階下，所以把過錯通通推到梁、裔兩人身上。不過既然君王頗有悔意，聰明如他又怎會在這時戳破君王的私心？他反倒是擺出一副同仇敵愾的模樣，然後藉機勸諫道：「他們兩人專找這些旁門左道的東西來誘惑您，您從來不好此道，哪能洞悉箇中玄機呢？俗話說：『剪草除根。』革除惡習就是要從根做起，您為什麼不徹底疏遠他們呢？不要讓自己置身在邪惡的誘惑裡啊。」

　　景公聽從了嗎？當然沒有。他不過是個平凡人，而平凡人怎能跟誘惑說「不」呢？所以晏嬰的用心注定付諸東流。＊

放大鏡

＊另一個晏嬰剷除亂臣賊子的例子，便是著名的「二桃殺三士」。現在略述如下：

齊景公養了不少勇士，其中的公孫接、田開疆、古冶子以力大無窮，能與虎搏鬥而聞名朝野。有一天，晏嬰打從他們身邊經過，曾以小步快走表示敬意，三位勇士卻大模大樣的不起身回禮，顯得非常傲慢。

重視禮儀的晏嬰深覺不妥，便向景公提了這事。景公同意晏嬰的想法，但表示不知道要用什麼方法，才能殺掉這三個不知禮、不守分，將來也必會禍國殃民的勇士。

晏嬰說：「這個容易。他們三人雖然力大敢鬥，卻不懂得長幼之禮，注定必敗無疑。」然後建議景公派人賞他們二顆桃子，要他們三個人按功勞的大小去分配。

公孫接收到國君的旨意後，仰天長嘆道：「晏嬰果然聰明。他讓國君命令我們按照功勞大小來分配桃子，我們若推拒桃子，便是愧對勇士之名；可若接受桃子，就非得彼此較量功勞的大小，落入他的圈套。也罷，就來比比功勞吧！我追隨國君打獵時，曾徒手打敗野豬與老虎。這功勞夠大了，所以不需要跟別人分享一個桃子。」於是拿起一顆桃子。

田開疆接著說道：「我曾手持兵器，兩度擊敗敵軍。像我這樣的功勞，理當自己吃一顆桃子。」於是也拿了一顆桃子。

古冶子最後說道：「我曾追隨國君橫渡黃河，那時有隻大鱉咬住駕車的馬，拖到河中。我便潛入水底，找到大鱉一刀殺了牠，然後一手馬尾一手鱉頭躍出水面，還嚇了渡口附近的人一跳，以為是河神降臨。像我這樣的功勞才是可以單獨吃一顆桃子，你們兩個還不快把桃子拿出來！」話說完，他抽出寶劍，站了起來，大有不惜一較高下之意。

但公孫接、田開疆兩人異口同聲道：「我倆論勇敢趕不上您，論功勞也不及您，竟敢不知羞恥的拿了桃子；現在既知羞恥，若不以死謝罪，怎稱得上『勇』這個字！」兩人交出桃子後，當場橫劍自刎而死。

古冶子見狀說道：「他倆皆死，唯我獨活，這是不仁；羞辱別人，吹捧自己，這是不義；悔過自責，卻又貪生怕死，這又有何勇敢可言？」便也刎頸自殺了。

景公接到三勇士的死訊後，派人按照士禮安葬了他們。

不過聰明人總能扭轉對自己不利的局勢。雖然景公始終無法疏遠那些倖臣，但晏嬰總是找得到方法介入，像變戲法般將倖臣的讒言轉為有利國家社稷的策論。

最為知名的例子發生在西元前522年的秋天。

那年景公染上了瘧疾，病勢從兩日發作一次，逐漸惡化到每日發作。諸侯們紛紛派人前來探問病況，各方使者皆因他的病情每況愈下而滯留在臨淄城。

臥病在床的景公整天鬱鬱寡歡，唉聲嘆氣。梁丘據與裔款見狀很是同情，又很想要討君主歡心，兩人交頭接耳商議一番後，就向國君進言道：「您侍奉鬼神一向恭敬，供品也比先王所供奉的更多更豐盛，可如今您病得屬害，不但使諸侯們非常憂慮，還懷疑是您祭祀不夠虔敬，以致鬼

神降罪於您。您應該殺了侍奉鬼神不力的太祝與太史，一方面祈求鬼神的原諒與賜福，另一方面讓諸侯們理解與安心啊。」

景公已被病痛折磨得意氣消沉，一聽到這個與眾不同的建議，槁木死灰般的心也不禁生出一絲希望，便告訴了晏嬰。

晏嬰沒立刻表示意見，倒是先講了個歷史小故事：「從前諸侯在宋國會盟的時候，楚國令尹屈建聽說晉國大夫范會的德行很好，便向晉國宰相趙武詢問傳言是否屬實。趙武回答說：『范會把家族治理得很好，對國事也能秉公處理，不會受私人感情影響。他的太祝與太史在祭祀時問心無愧，沒有需要跟先人告罪的，也沒有需要跟鬼神祈求的。』屈建將這段話轉述給楚康王聽，康王便很佩服的說：『不論是鬼神或世人，兩方都對范會沒有怨恨，難

怪他能擔任晉國五代國君的輔佐，並使晉國成為諸侯的盟主。』」

病厭厭的景公被晏嬰這番話勾起了好奇心，有氣無力的問道：「您告訴我這個故事有何用意呢？」

晏嬰回答道：「有德行的君主，他做事不分內外，處分公正不阿，舉止全無錯誤。他的太祝、太史沒有需要隱瞞鬼神的事情，鬼神也安享祭祀而祝福他的國家。相反的，一個沒有德行的君主，他壓榨人民血汗只為滿足私慾，行事殘暴不仁無視人民痛苦。他的太祝、太史若是據實以告鬼神，就是直指君主的罪狀，若是粉飾太平盡挑好的講，則是欺瞞上蒼、睜著眼睛說瞎話。而鬼神有知，自然不願接受祭祀，於是降下禍亂疾病，譴責有罪的人士。」

　　難道這就是他的病情沒法好轉的原因？景公被說得一顆心忐忑不安，慌忙求教：「如果真的是鬼神降罪，那現在該怎麼辦啊？」

　　晏嬰嚴肅的回答：「事已至此，不是殺了太祝跟太史就能平息鬼神的憤怒。在您的統治下，現在山中海裡窪地水澤出產的各種財貨，全都收歸國有；人民進出關隘受到不合理的政令約束，連自身的財產也無法保有；歷任大夫常常收受賄賂，知法犯法；受寵的臣子一再假傳命令，搜刮民脂民膏，不順他意就羅織罪名。人民被這樣欺凌壓迫，怎麼可能不詛咒國君？祝史的禱告再靈驗，又怎能抵銷舉國上下的詛咒之力？所以您該做的不是殺祝史，而是修養德行啊。」

　　「言之有理，言之有理！」既然知道病因，也收到了藥方，景公這廂真的看見希望，忙不迭召

來臣子，要求他們放寬對各種財貨的控管，停止徵收關稅，撤銷不合理的政令，還把人民積欠的債款，不論其原因為何，通通一筆勾消。

一個月後，應該是出於巧合，也或許是太醫先前的努力終於收到成效，纏綿病榻一年多的景公終於恢復健康。而晏嬰利用機會不動聲色的勸諫國君，不但順利保住太祝、太史的性命，更造福了國內百姓。

※　　　　　　　※　　　　　　　※

然而，話說回來，齊景公與晏嬰這樣的君臣關係，也就是一方老是做錯事，另一方努力想法子規勸改正的互動模式，難道就沒有比較舒緩平等的時候嗎？當然是有的。

不知是在哪一年的夏天，景公帶著多位臣子到臨淄城南的山

區遊歷。當他居高臨下遠眺繁華熱鬧的齊國都城，窮其目力之所及也望不見齊國土地的盡頭時，不禁感傷的流下眼淚，感嘆說：

「如此堂皇富麗的國度，為什麼寡人不能永遠保有呢？」

近臣艾孔、裔款在一旁聽了，也跟著淚流滿襟，只有晏嬰噗哧一聲笑了出來。

景公深感受辱，面紅耳赤的擦掉眼淚，回頭責問晏嬰：「寡人已經不年輕了，離死恐怕也不遠了，這番觸景傷情有何不妥？艾孔、裔款都能體會寡人的心情，一同悲傷流淚，怎麼您不但無法體會，還嘲笑寡人的真情流露？」

「我不是取笑您，而是嘲笑其他兩位阿諛奉承得太過分。」解釋完自己的行為後，晏嬰收了笑容，直言國君的心願實在是不切實際。「死亡怎會不好呢？仁慈的人固然會死，殘暴的人一樣脫

不了死亡，這其實是上蒼最厚愛我們的地方。您不妨想想，倘若人人青春長駐，永生不死，則開國的太公將永遠統治齊國，祖先桓公、襄公、文公、武公只能做他的輔佐，而您不但當不了國君，恐怕還得戴著斗笠、扛著鋤頭在田裡耕作，哪來的空閒擔憂生死呢？」

景公惱火得直想發作，但晏嬰的邏輯著實無懈可擊，他只好氣憤的轉過頭去不再搭理，無意間卻看到從山腳一路蔓延到山頂附近的滾滾塵煙。「那是誰啊？有誰知道嗎？」

晏嬰瞟了煙塵一眼，答道：「是梁丘據吧。」

後來一輛馬車從煙塵中奔出，駛近停住。跳下馬車快步往這走來的果然是梁丘據。

景公看了很驚訝:「您怎麼知道是他呢？」

晏嬰的回答帶著點刺：「大太陽下這樣狂趕馬車，也不管馬四是否承受得住，除了梁丘據外，還有誰會這樣不計後果的做事？」

景公擺擺手，表示他一點也不介意這項缺點。「您不喜歡梁丘據，寡人可喜歡得緊。放眼朝中，就數梁丘據跟寡人最同聲和氣。」

晏嬰不敢苟同的搖搖頭，說：「梁丘據也不過是什麼都附和您的心意罷了，這算什麼和氣。」

二十多年的相處下來，景公已經太了解他的這位賢臣兼老師，不管什麼枝微末節的東西都能說出一番大道理，便很習慣性的接口問道：「不然什麼才算是『和氣』呢？」

晏嬰答道：「所謂的『和氣』，是指烹調時將鹹、酸、苦、甘、甜等味道相互調和，才能使菜餚擁有絕妙好滋味。君臣

的相處也應該是如此，雖然兩人的立場不盡相同，卻可以彼此扶持彌補。但梁丘據卻不是這樣，您說好的，他鼓掌叫好；您不喜歡的，他也跟著視如敝屣，這樣哪能說是和氣呢？」

嗯，這話還真有點道理。雖然景公心裡這麼想，但他嘴巴上可不會露出半點口風，因為身邊有個像晏嬰這樣互補的臣子固然可喜，他還是喜歡梁丘據這種會附和自己的人啊。

後來，當夕陽西沉，星辰一顆一顆的點亮時，景公命人在山坡上擺好酒宴，與臣子們一同享樂。筵席上需要些談話的題材，他靈機一動，請晏嬰說個心願。

晏嬰客氣的推辭道：「還是不要吧，我會有什麼心願呢？」

經他這麼一說，景公反而越發好奇：「先生，就說一個心願來聽聽吧。」

晏嬰稍一沉吟，答道：「我希望有個受臣子敬畏的國君，有個傾心於自己的妻子，有個可以傳承美德的兒子。」

這個願望說樸實很樸實，說理想也的確理想，景公忍不住擊節讚賞，「您的心願真是太美好了，再說一個來聽聽吧。」

晏嬰想了想，又說：「我希望我的君主德行高尚、通曉智慧，我的妻子頗富才能，家境不貧窮，還有好鄰居。如果君主聖明，那就可以每天順著國君的心意辦事；妻子有才能，就可以約束我，不讓我胡作非為；家境不貧窮，就可以接濟手頭暫時不方便的親朋好友；有好鄰居，這樣每天都可以與才德出眾的人為伍。」

「您的心願，真是太美好了！」景公聽到這裡，越發佩服晏嬰了。這樣的心願若能達成，人

生怎還會有遺憾？

　　國君的回應給予晏嬰極大的鼓勵，於是他繼續說道：「我希望有個讓人覺得可以輔佐的君主；希望當妻子不願意與我相守時，可以平靜的讓她離去；希望有個兒子，可以用對待君子的標準來對待他。」

　　彷彿重重挨了一拳，無數思緒如浪潮般湧進景公腦海，令他一時無法言語。

　　君主必須讓臣子覺得可以輔佐嗎？妻子可以自由決定是否要離丈夫而去嗎？孩子不都是閉上嘴巴，乖乖聽從父母的吩咐嗎？君臣、夫妻、父子不都是上對下的關係，晏嬰為什麼會覺得這些是可以討論的，是平等的？

　　景公疑惑的望向晏嬰，看見他彷彿也覺得自己透露了太多，逕自低著頭，舉酒沾唇。

　　沉默中，銀白月光依舊溫柔

灑落，粗略勾勒晏嬰的五官樣貌，強調他嘴角安詳自得的微笑，凸顯他眼底清明篤定的光彩。

就在這一瞬間，晏嬰從前的規勸話語，在景公心底響起：

要如何知道一個人的本質呢？不是從他說的話，而是從他的行為去評量。

景公一直以為自己很明白這句話，卻是直到這麼多年後的今天，才真正了解其中的意涵。

是啊，他認識晏嬰超過三十年了，他所熟知的晏嬰，是個自律自制、高道德標準與重視對等的權利義務關係的人，本來就該懷抱這樣的理想啊。

於是今天累積下來的所有不愉快，以及對晏嬰心願的所有疑惑，頓時因這層理解而煙消雲

散。

※　　　　　　　　　　　※　　　　　　　　　　　※

　　晏嬰輔佐齊景公的時間長達四十年，當感覺身體、精神不如以往，無法再負荷宰相一職的責任時，他決定辭去相位，告老還鄉，並將食邑退還給國君。

　　景公接到他的辭呈後很是慌張，連忙挽留道：「自有齊國以來，朝中大夫還沒有在告老還鄉時辭退食邑的例子，為什麼先生要破壞這個慣例，狠心的拋棄寡人而離開呢？千萬不可啊！」

　　晏嬰溫和但堅定的回答說：「我從來就認為臣子必須衡量自己德行的厚薄，再來決定應該接受多少俸祿。現在的我年老德衰，也沒有處理政事的能力了，如果還坐享優渥的俸祿，不但使國君成為不辨忠奸賢愚的昏君，也玷辱了我所剩不多的德行。請

您答應我的請求吧。」

「不行，寡人不能答應。」景公的嗓音尖銳而焦慮，大手一揮強調拒絕之意，「從前我的祖先桓公感念管仲輔佐有成，在管仲年老的時候，賜給他三處封邑，恩澤廣被他的子孫。您是寡人的相國，輔佐寡人超過四十年，難道寡人不可以比照先王，為您修建三處宅第，讓您的子孫永保安泰嗎？」

儘管君王的言詞懇切，十分令人感動，心意已決的晏嬰一步也沒退讓，「過去管仲輔佐桓公，使桓公成為諸侯的盟主，仁義廣被天下。今天我侍奉您，國家聲望不過一般，還在民間累積不少怨恨，這中間我的罪過可多了。既然我的功勞不值一提，若還接受君王的賞賜，豈不是顛倒是非黑白，還牽累您被天下人笑話賞罰不公嗎？您的好意我心領

了。」

　　但景公的固執也不遜於晏嬰，說什麼都不應允晏嬰辭退食邑的請求。望著晏嬰身上那件非常眼熟的鹿皮衣，他的眼角不禁有些溼潤。

　　這毛皮已失去光澤，邊角也有些許破損的鹿皮衣，每逢天冷晏嬰就會拿出來穿，三十年來也不曾看他換過一件。他的這位賢宰相啊，住的是狹屋、乘的是舊車、穿的是粗布衣、吃的是粗食，所有俸祿都拿來接濟親戚朋友，從來不曾為自己保留一分一毫。

　　景公了解晏嬰之所以堅持退還食邑，是為了彰顯國家論功行賞、賞罰分明的體制，但這麼多年的君臣情誼沉甸甸的掛在他胸口，他怎忍心讓晏嬰的晚年過得清苦又拮据？他說什麼都不能答應晏嬰的請求啊。

晏嬰拗不過國君，只好先行告退。隔了幾天，他又入朝辭官，才終於跟國君取得一個雙方勉強接受的平衡點。

也就是晏嬰辭官後仍保留他的食邑，但交還一車物品予國君，作為減少俸祿的象徵。

西元前 500 年，晏嬰病了。病勢又急又猛，藥石罔效。

白髮蒼蒼的他半闔著眼眸，昏昏沉沉的躺在床榻上，心知自己再也活不了了多久。就在這幾天，死神將毫不留情的取走他的生命。

「咳！咳咳咳！」好似胸口梗住了什麼，一口氣就卡在那裡，幾乎要喘不過來。晏嬰不斷嗆咳著，好不容易才順過氣，然後萬分艱難的轉過頭來，望向窗外小院子裡初生的細草，傾聽院子外市集裡的鼎沸人聲。

真是萬幸啊，齊國至今一切

安好。

晏嬰欣慰的一聲嘆息，攏緊始終不見暖意的被子。

回顧這一生，他歷任三位國君，在朝五十多年；期間雖曾幾度辭官下野，整體而言仕途還算平順榮顯。

對於這漫長的政治生涯，梁丘據就曾經諷刺他說：「您先後侍奉了三位國君，可這三位國君的心思不一樣，作風不相同，您卻都能侍奉得穩穩當當的……難道賢能的人竟會屈從時勢，改換立場與心意嗎？」

當時他回答梁丘據，只要能秉持忠君愛民的原則，就算是一百位君主他也能侍奉得妥妥貼貼的。

如今回想起來，晏嬰不禁慶幸是上天對他無比厚愛，才讓這顆忠君愛民的心有發揮的地方，也收到了極好的報償。四十年

來，他與國君合作無間，讓齊國雖然有小顛簸，但仍不失平順的走在康莊大道上。

他為此感到驕傲。他沒有愧對五十年前父親臨終時的囑託。他已盡到為人臣子所該負起的責任。

可是……未來呢？

他想起樂施、高彊、田無宇及其他有意問鼎王位的貴族公卿，還有當年虎門前一夫當關的險惡情勢；他也想起那日在寢宮前的高臺上，國君滿臉煩憂的提及未來不知是誰將擁有齊國；他還想起在一次次旱災、水患的肆虐下，那一個又一個雙頰乾癟凹陷、滿臉泥塊塵土、雙眼卻從不失去希望的齊國百姓。

那個喜歡飲酒打獵、廣築宮室，卻可喜的願意聽從臣下勸戒的君王，是否還能守住王權？在不遠的將來，引領齊國繼續踏步

前進的那個人，可會將人民的福祉放在心上？

但不管他如何的在乎，這些都不再跟他有關了。

最後一次將窗外的陽光、綠草、人聲印入心底，晏嬰緩緩的闔上雙眼。

當齊景公在外地巡視時，晏嬰突如其來的死訊好似一陣響雷，震碎了他悠閒自得的旅遊心情。

不管接下來是否還有其他重要的行程，景公催促車伕駕著馬車，鞭策駿馬十二萬火急的駛回國都奔喪。

一路上，心焦如焚的景公受不了馬車遲緩的速度，乾脆一躍下車自己用跑的。跑著跑著，當發覺馬車還是比較快時，他又趕緊攀上馬車，尖聲命令車伕：「再快一點！再快一點！」

一顆心難受的幾乎從胸膛蹦

出來了，國都還遠在天邊一角。景公禁不住那種焦慮，又跳下馬車邁步狂奔，等到被馬車超過時，才又不甘心的回到車上。

如此上上下下一共四次，才終於回到國都。

當景公一邊擦著眼淚一邊走到晏嬰家，在見到他這位賢臣良師的遺容時，終於忍不住伏在屍體上嚎啕大哭，哽咽的說道：「當初先生認真勤勉的指導規勸寡人，不曾遺漏半點錯處，寡人卻改不了放蕩奢侈的生活習性，致使百姓怨恨交加，不分日夜詛咒寡人。今天上天終於聽了百姓的詛咒，為了懲罰寡人竟將禍亂施加在先生身上。這是表示上天不再護佑齊國社稷了嗎？齊國從此危殆了啊！老百姓的苦痛又要向誰訴說呢？」

晏嬰入殮前，為了防止屍體腐爛，景公親自將玉石放進晏嬰

口中。在這過程中，他頻頻想起晏嬰生前的種種規勸，不禁又痛哭失聲，止不住的淚水沾溼了衣袖。

大夫弦章隨侍在側，曾上前勸諫他說：「國君親自為臣子放玉是違背禮節的，您不該這麼做啊。」

景公擦擦眼淚，語氣悲淒的答道：「現在還談什麼禮節呢？以前寡人和先生出遊，先生見寡人有錯，曾經一天裡毫不留情的批評指正了三次，今後還有誰會為寡人這樣做呢？治國不容易，寡人失去先生後要怎麼辦呢？現在還談禮節做什麼呢？」然後他換上喪服，極盡哀痛之情才離去。

尾 聲

今年的冬天來得特別晚，直到昨天傍晚才開始飄雪。

遵照父親遺留下來的訓示，與家臣一起針對國家政事進行一番探討後，時間也很晚了。酷愛雪天的晏圍回到房間躺在床上，側耳傾聽細雪輕落在屋瓦上的細微聲音。他不知道自己是什麼時候睡著的，只隱約記得撲簌落下的皚皚白雪盈滿了他朦朦朧朧的夢境。

天亮時，雪停了。他望窗外看去，只見屋頂、牆頭、長廊、園子全都覆滿白雪，周遭瀰漫著寧靜、祥和、肅穆的氛圍，使人不由自主的將動作放輕、放緩，只為延長這絕美的時刻。

「圍兒，你準備好了嗎？」晏母蒼老的聲音隔著木板門傳來，

令晏圍趕緊回過神，再一次檢查儀容。

「這不是來了嘛，母親。」他步出房門，看見席位已經在大廳裡擺放好了，一時間緊張感湧上心頭。

是的，今天是他舉行成年禮的日子。不但晏氏一族的所有重要人士都會出席，父親生前交好的朋友到了不少，聽說連國君也派了使者前來觀禮。

「希望待會不會出差錯。」晏圍默默複習成年禮的種種程序，就怕其中有所疏漏。他一人丟臉出醜就算了，父親的名頭若是毀在他手上，這罪名可就大了。

「圍兒，別呆站在那裡了，快過來跟叔伯們見禮。」

「是。」晏圍的思緒再一次被晏母的聲音打斷。

禮成客散後，晏母從大廳門柱上的凹槽裡，取出晏嬰的遺

書。

「你父親臨終前交代，這遺書必須等你長大成年後，再拿給你看。」她將遺書遞給兒子，含淚說道:「他有些話想告訴你，可是……一切都發生得太快了……」

憶起從接到父親病危的消息，到自己返抵家中，這中間也短短不過一日的時間，居然就見不著父親的最後一面，晏圍不禁紅了眼眶，連忙低頭攤開遺書。

遺書的內容很短，只有幾個句子而已：

基本的生活用度不可少，少了連生存都成問題；生而為人不能沒有志向，沒有志向的話，生命就沒有重心；要致力於國計民生，一旦人民生活困苦，國家分崩離析之日也就不遠。

晏圍讀著讀著，視線逐漸被淚水模糊了。

這就是他的父親。對於身外之物，除了維生所需外不多取用一分；對於人生的意義，除了人民福祉外不曾有過別的心思。

「圍兒，知道你父親的意思嗎？」晏母的嗓音聽起來有些恍惚，應該是因為被遺書勾起了回憶。「知道你父親在指點你什麼嗎？」

晏圍草草擦乾眼淚，點點頭說：「孩兒知道。」

但晏母彷彿沒聽見他的回答，語帶哽咽的繼續說道：「如果有機會擔任官職，那就要把老百姓的生活放在心上；如果只能當個小老百姓，那就要為自己設定一個人生目標，免得光陰虛度；就算生活不甚富裕，只要能不挨餓受凍，日子一樣可以很美好。你父親臨終時最放心不下的就是

你，擔心一旦朝中情勢有變，晏氏無法再待在齊國時，你將如何自處，＊所以口述遺言要我抄錄給你。這樣你明白了嗎？」

「嗯，孩兒明白……孩兒明白……」晏圉一逕兒的點頭，好不容易稍微止住的淚水，再度溽溼了臉頰。

🔍 **放大鏡** ＊晏嬰所憂心的事情，在他死後不過十年就發生了。

西元前 488 年的秋天，齊景公去世。次年，齊國公族國夏、高張遵照景公遺命，立了姜荼做國君，卻不知此時勢力已經龐大的田乞（田無宇之子）懷有別的心思。

根據《左傳》的記載，田乞假裝與國夏、高張同盟，每逢上朝就站在國、高兩人身邊，說其他大夫如何如何的忌妒國氏、高氏的權力，若想長久保持國、高二氏的地位，必得先採取行動滅掉對方。他私底下又跑去對其他大夫說，國夏、高張仗著有國君撐腰，成天想著要除掉其他人，獨占齊國政權，為什麼不趁國、高二人尚未採取行動時，先發制人呢？

當年的夏天，田乞、鮑牧及朝中其他大夫聯合起來，率領軍隊進入臨淄。毫無準備的高張、國夏急急組織軍隊應戰，結果在莊地一役戰敗了，被貴族們逼著逃離齊國。晏圉也差不多是在這段時間，被田乞逼得逃往魯國。

順利逐走國、高二氏後，田乞另立姜陽生做國君，自己擔任宰相，從此田氏一族控制了齊國國政。

晏嬰 小檔案

前 555 年	晉齊大戰於平陰，齊國大敗。
前 554 年	齊靈公去世，原太子姜光在崔杼的支持下，取得王位，史稱齊莊公。因莊公不採納晏嬰的勸諫，晏嬰去職。
前 548 年	崔杼弒殺齊莊公，另立齊景公。晏嬰不顧危險，親自前來為莊公弔喪。
前 545 年	崔杼、慶封相繼失勢，政權回歸齊景公。景公召回晏嬰，讓他治理東阿縣。
前 541 年	代表齊國出使楚國，成功達成使命，不辱國威。
前 539 年	出使晉國，與羊舌肸會談。
前 532 年	欒施與高彊叛變失敗。
前 500 年	去世。

獻給孩子們的禮物

「世紀人物100」

訴說一百位中外人物的故事

是三民書局獻給孩子們最好的禮物！

◆ 不刻意美化、神化傳主，使「世紀人物」
更易於親近。

◆ 嚴謹考證史實，傳遞最正確的資訊。

◆ 文字親切活潑，貼近孩子們的語言。

◆ 突破傳統的創作角度切入，讓孩子們認識
不一樣的「世紀人物」。

音樂家系列

沒有音樂的世界，我們失去的是夢想和希望……

每一個跳動音符的背後，到底隱藏了什麼樣的淚水和歡笑？
且看十位音樂大師，如何譜出心裡的風景……

由知名作家簡宛女士主編，邀集海內外傑出作家
與音樂工作者共同執筆。平易流暢的文字，活潑
生動的插畫，帶領小讀者們與音樂大師一同悲
喜，靜靜聆聽……

我的蟲蟲寶貝

一套充滿哲思、友情與想像的故事書
展現希望、驚奇與樂趣的
『我的蟲蟲寶貝』！

想知道

迷糊可愛的毛毛蟲小靜，為什麼迫不及待的想「長大」？

沈著冷靜的螳螂小刀，如何解救大家脫離「怪傢伙」的魔爪？

膽小害羞的竹節蟲阿比，意外在陌生城市踏出「蛻變」的第一步？

老是自怨自艾的糞金龜牛弟，竟搖身一變成為意氣風發的「聖甲蟲」？

熱情莽撞的蒼蠅依依，怎麼領略簡單寧靜的「慢活」哲學呢？

國家圖書館出版品預行編目資料

一件裘衣三十年：晏嬰／郭怡汾著;趙智成繪.－－初
版二刷.－－臺北市：三民，2011
　　面；　　公分.－－(兒童文學叢書／世紀人物100)

　ISBN 978-957-14-4950-0　(平裝)

　1.(周)晏嬰 2.傳記 3.通俗作品

782.817　　　　　　　　　　　　　　96024744

©　一件裘衣三十年：晏嬰

著 作 人	郭怡汾
主 　 編	簡 宛
繪 　 者	趙智成
發 行 人	劉振強
著作財產權人	三民書局股份有限公司
發 行 所	三民書局股份有限公司
	地址　臺北市復興北路386號
	電話　(02)25006600
	郵撥帳號　0009998-5
門 市 部	(復北店)臺北市復興北路386號
	(重南店)臺北市重慶南路一段61號
出版日期	初版一刷　2008年1月
	初版二刷　2011年2月修正
編 　 號	S 781610

行政院新聞局登記證局版臺業字第○二○○號

有著作權‧不准侵害

ISBN　978-957-14-4950-0　(平裝)

http://www.sanmin.com.tw　三民網路書店

※本書如有缺頁、破損或裝訂錯誤，請寄回本公司更換。